TEORIA TRIDIMENSIONAL DAS INTEGRAÇÕES SUPRANACIONAIS

Uma análise comparativa dos sistemas e modelos de integração da Europa e América Latina

O GEN | Grupo Editorial Nacional reúne as editoras Guanabara Koogan, Santos, Roca, AC Farmacêutica, Forense, Método, LTC, E.P.U. e Forense Universitária, que publicam nas áreas científica, técnica e profissional.

Essas empresas, respeitadas no mercado editorial, construíram catálogos inigualáveis, com obras que têm sido decisivas na formação acadêmica e no aperfeiçoamento de várias gerações de profissionais e de estudantes de Administração, Direito, Enfermagem, Engenharia, Fisioterapia, Medicina, Odontologia, Educação Física e muitas outras ciências, tendo se tornado sinônimo de seriedade e respeito.

Nossa missão é prover o melhor conteúdo científico e distribuí-lo de maneira flexível e conveniente, a preços justos, gerando benefícios e servindo a autores, docentes, livreiros, funcionários, colaboradores e acionistas.

Nosso comportamento ético incondicional e nossa responsabilidade social e ambiental são reforçados pela natureza educacional de nossa atividade, sem comprometer o crescimento contínuo e a rentabilidade do grupo.

MICHELE CARDUCCI
VALERIO DE OLIVEIRA MAZZUOLI

TEORIA TRIDIMENSIONAL DAS INTEGRAÇÕES SUPRANACIONAIS

Uma análise comparativa dos sistemas e modelos de integração da Europa e América Latina

RIO DE JANEIRO

- A EDITORA FORENSE se responsabiliza pelos vícios do produto no que concerne à sua edição (impressão e apresentação a fim de possibilitar ao consumidor bem manuseá-lo e lê-lo). Nem a editora nem o autor assumem qualquer responsabilidade por eventuais danos ou perdas a pessoa ou bens, decorrentes do uso da presente obra.

  Todos os direitos reservados. Nos termos da Lei que resguarda os direitos autorais, é proibida a reprodução total ou parcial de qualquer forma ou por qualquer meio, eletrônico ou mecânico, inclusive através de processos xerográficos, fotocópia e gravação, sem permissão por escrito do autor e do editor.

  Impresso no Brasil – *Printed in Brazil*

- Direitos exclusivos para o Brasil na língua portuguesa
  Copyright © 2014 by
  EDITORA FORENSE LTDA.
  Uma editora integrante do GEN | Grupo Editorial Nacional
  Travessa do Ouvidor, 11 – Térreo e 6º andar – 20040-040 – Rio de Janeiro – RJ
  Tel.: (21) 3543-0770 – Fax: (21) 3543-0896
  forense@grupogen.com.br | www.grupogen.com.br

- O titular cuja obra seja fraudulentamente reproduzida, divulgada ou de qualquer forma utilizada poderá requerer a apreensão dos exemplares reproduzidos ou a suspensão da divulgação, sem prejuízo da indenização cabível (art. 102 da Lei n. 9.610, de 19.02.1998). Quem vender, expuser à venda, ocultar, adquirir, distribuir, tiver em depósito ou utilizar obra ou fonograma reproduzidos com fraude, com a finalidade de vender, obter ganho, vantagem, proveito, lucro direto ou indireto, para si ou para outrem, será solidariamente responsável com o contrafator, nos termos dos artigos precedentes, respondendo como contrafatores o importador e o distribuidor em caso de reprodução no exterior (art. 104 da Lei n. 9.610/98).

- Capa: Danilo Oliveira

- CIP – Brasil. Catalogação-na-fonte.
  Sindicato Nacional dos Editores de Livros, RJ.

  C269t

  Carducci, Michele

      Teoria tridimensional das integrações supranacionais: uma análise comparativa dos sistemas e modelos de integração da Europa e América Latina / Michele Carducci, Valerio de Oliveira Mazzuoli. – Rio de Janeiro : Forense, 2014.

  Inclui bibliografia
  ISBN 978-85-309-5820-6

  1. Ciências sociais. 2. Ciência política. 3. Jurisprudência. 4. Direito - Filosofia. I. Mazzuoli, Valerio de Oliveira. II. Título.

  14-13952   CDD: 320
                                                                                             CDU: 32

Duas Palavras

Os sistemas e modelos de integração supranacional atualmente existentes têm sido pouco estudados pela doutrina jurídica em geral, sobretudo na América Latina. Esses diversos contextos apresentam particularidades próprias que devem ser bem compreendidas, a fim de se avançar na construção de um *núcleo-chave* em sede de integração supranacional, notadamente no âmbito dos direitos humanos. Conhecendo e comparando os diversos mecanismos de integração supranacional, especialmente da Europa e da América Latina, é possível propor uma *teoria tridimensional das integrações supranacionais* capaz de compreender as interligações e influências recíprocas apresentadas entre as diversas esferas judiciárias existentes, que exercem notória influência nos contextos estatais internos.

Os avanços conquistados no plano da supranacionalidade europeia podem bem influenciar os sistemas e modelos de integração atualmente desenvolvidos na América Latina, seja na América do Sul ou na América Central. A comparação auxilia, também, os operadores jurídicos em geral e as autoridades públicas do Estado responsáveis pela condução de sua política externa a melhor perceberem as necessidades mais prementes em cada contexto, permitindo, assim, avançar em matéria de integração.

Que este livro possa ser bem recebido pela literatura jurídica de língua portuguesa, abrindo novos horizontes no contexto latino-americano ao estudo comparado dos sistemas de integração supranacional, necessário ao aprimoramento das instituições regionais, especialmente à vista da melhor e mais efetiva proteção dos direitos humanos.

Lecce-Cuiabá, agosto de 2014.

Os Autores

Sumário

Duas Palavras 5

Abreviaturas e Siglas Usadas 9

Introdução 11

Capítulo 1 – Direito Constitucional Comparado das Integrações Regionais 17

Capítulo 2 – Supranacionalidade "Compensatória" *vs.* Supranacionalidade "Substitutiva" 43

Capítulo 3 – "Hierarquias Interligadas" e "Verticalização" em "Matéria" de Direitos Humanos 57

Capítulo 4 – Controle de Convencionalidade como *Kompetenz-Kompetenz* ou como "calcanhar de Aquiles" das Integrações Latino-Americanas? 77

Capítulo 5 – A Especificidade Centro-Americana em sua abordagem *Pick and Choose* 91

Capítulo 6 – Onde está o *Judicial Branch* nas Integrações Supranacionais? 105

    6.1. O "efeito útil" europeu 113

    6.2. *Judicial Branch* e a proibição de apreciação dos fatos internos 120

    6.3. *Judicial Branch* e "efeitos do sistema" 123

Capítulo 7 – A Função "Constitucional" da Prejudicialidade Supranacional 133

Capítulo 8 – Novos Desafios para a Tridimensionalidade Europeia: o Protocolo 16 à Convenção Europeia de Direitos Humanos e a Aplicação da "Carta de Nice" 143

Conclusão 149

Anexo – Esquemas Comparativos entre a Tridimensionalidade Europeia e a Latino-Americana.. 153

- Tridimensionalidade "dialógica" da União Europeia 155
- Tridimensionalidade "monológica" latino-americana........ 155
- Comparação UE – América Latina 156
- União Europeia: arts. 4(2) e 6° do TUE + art. 53 da "Carta de Nice" (*Verfassungsgerichtsverbund*) 156
- América Latina: arts. 24, 28(3), 67 e 68 da CADH + Constituições dos Estados (*Controle de convencionalidade – Bloco de constitucionalidade transnacional*) 157
- América Central: arts. 2°, 23 e 25 do Estatuto da CCJ + art. 28(3) da CADH + Constituições dos Estados (*Controle de convencionalidade + Consciência centro-americana*) 158

Bibliografia.. 159

Obras dos Autores 191

Abreviaturas e Siglas Usadas

ALADI	–	Associação Latino-Americana de Integração
ALBA	–	Aliança Bolivariana para a América Latina e o Caribe
art.	–	artigo
arts.	–	artigos
atual.	–	atualizada (edição)
BVerfGE	–	Jurisprudência do Tribunal Constitucional Alemão
CADH	–	Convenção Americana sobre Direitos Humanos
CAN	–	Comunidade Andina
Cap.	–	Capítulo
CARICOM	–	Comunidade do Caribe
CCJ	–	Corte Centro-Americana de Justiça
CEDH	–	Convenção Europeia de Direitos Humanos
CF	–	Constituição Federal
Cfr.	–	Confronte/confrontar
CIDH	–	Corte Interamericana de Direitos Humanos
CIJ	–	Corte Internacional de Justiça
cit.	–	já citado(a)
coord.	–	coordenador
Corte EDH	–	Corte Europeia de Direitos Humanos
ed.	–	edição/editor
eds.	–	editores
et all.	–	e outros
etc.	–	*et cetera*
GATT	–	Acordo Geral sobre Tarifas e Comércio
Mercosul	–	Mercado Comum do Sul

ODECA	–	Organização dos Estados Centro-Americanos
OEA	–	Organização dos Estados Americanos
org.	–	organizador/organizadores
SICA	–	Sistema de Integração Centro-Americano
ss	–	seguintes
STF	–	Supremo Tribunal Federal
STJ	–	Superior Tribunal de Justiça
TFUE	–	Tratado sobre o Funcionamento da União Europeia
TJUE	–	Tribunal de Justiça da União Europeia
TPR	–	Tribunal Permanente de Revisão do Mercosul
trad.	–	tradução
TUE	–	Tratado da União Europeia
UE	–	União Europeia
Unasul	–	União das Nações Sul-Americanas
v.	–	*vide*/ver
v.g.	–	*verbi gratia* (por exemplo)
vol.	–	volume

Introdução

A era atual tem sido marcada por uma interação cada vez mais forte entre os Estados, facilitada, em certa medida, pelo avanço tecnológico e pela rapidez dos meios de comunicação. Porém, esse intercâmbio interestatal (visualizado em várias esferas, como, *v.g.*, no comércio, nas relações financeiras e econômicas, no plano da proteção dos direitos humanos etc.) não é absolutamente livre, ou seja, destituído de limites. À medida que os Estados interagem entre si, cresce também a necessidade de as suas contendas serem resolvidas por um Poder *Judiciário*, capaz de dar a cada um o que lhe é devido (*suum cuique tribuere*). É evidente, porém, que o Judiciário *interno* de cada um dos atores estatais é insuficiente para compor os conflitos nascidos *entre* os Estados, o que demanda existirem órgãos *internacionais* de solução de controvérsias habilitados para tal.

O problema se agrava quando se percebe que as controvérsias relacionadas a um determinado Estado podem ser, no plano do direito internacional, provenientes de reclamação de outro Estado (*v.g.*, nas relações econômicas, de comércio etc.) ou de *particulares* (pessoas físicas) do próprio Estado demandado (*v.g.*, no que diz respeito ao tema da proteção dos direitos humanos). Tal fato leva o direito internacional, indubitavelmente, a criar mecanismos de solução de controvérsias específicos para um e outro caso, criando (no primeiro caso) tribunais como o Tribunal de Justiça da União Europeia – TJUE e (no segundo caso) a Corte Europeia de Direitos Humanos – Corte EDH, os quais também se inter-relacionam com os juízes e tribunais *domésticos* dos respectivos Estados-partes, formando uma relação jurídica "triangular" e "internormativa" entre eles, especialmente no contexto europeu[1].

Esse mesmo "modelo", em certa medida, também se repete na América Central, onde – diversamente do que ocorre na América do Sul, como se verá – é possível controlar a convencionalidade das normas centro-americanas por meio de um tribunal específico (a Corte Centro-Americana de Justiça – CCJ), cuja jurisdição, porém, não abrange questões de direitos humanos, que fica afeta ao tribunal regional de direitos humanos interamericano (a Corte Interamericana de Direitos Humanos – Corte IDH); ambos esses tribunais, porém, podem "dialogar" (e efetivamente "dialogam") com os juízes e tribunais internos dos respectivos Estados-partes[2].

Na América do Sul, por sua vez, para além dos juízes e tribunais internos, existe apenas (e para questões voltadas a "direitos humanos") a Corte IDH, faltando um tribunal internacional que controle a convencionalidade das normas da União das Nações Sul-Americanas – Unasul[3].

Como se percebe, esses três sistemas – o *europeu*, o *centro-americano* e o *sul-americano* – guardam entre si uma lógica similar que merece ser estudada à luz de uma análise comparativa, não obstante serem diferentes especialmente no que concerne ao seu "avanço" e "modernidade". Tal não obsta, contudo, que se procure desenvolver uma teoria tridimensional comum para essas integrações supranacionais, especialmente sob a ótica da tridimensiona-

---

[1] Cfr. M. L. Duarte, *União Europeia e direitos fundamentais (no espaço da internormatividade)*, Lisboa, Associação Acadêmica da Faculdade de Direito, 2006.

[2] V. C. E. Salazar Grande & E. N. Ulate Chacón, *Manual de derecho comunitario centroamericano*, San Salvador, Ricardone, 2013, p. 280 ss.

[3] Para a proposta de criação de um Tribunal de Justiça para a Unasul, v. V. Mazzuoli, Por um Tribunal de Justiça para a Unasul: a necessidade de uma Corte de Justiça para a América do Sul sob os paradigmas do Tribunal de Justiça da União Europeia e da Corte Centro-Americana de Justiça, in *Rev. Tribunais*, vol. 939, 2014, p. 199-206.

lidade europeia, que (até o presente momento) é a mais avançada de todas.

Para se chegar a uma teoria tridimensional das integrações supranacionais, necessário se faz definir o que seja o "direito constitucional comparado das integrações regionais" (Capítulo 1), compreender os conceitos de supranacionalidade "compensatória" e supranacionalidade "substitutiva" (Capítulo 2), e verificar o que se deve entender por "hierarquia interligada" e "verticalização" em "matéria" de direitos humanos (Capítulo 3). A questão de ser o "controle de convencionalidade" uma *Kompetenz-Kompetenz* ou um "calcanhar de Aquiles" das integrações latino-americanas também deve ser estudada (Capítulo 4), seguida da investigação específica do sistema centro-americano em sua abordagem *Pick and Choose* (Capítulo 5). Finalmente, faz-se necessário compreender o *Judicial Branch* das integrações tridimensionais (Capítulo 6), a função "constitucional" da prejudicialidade supranacional (Capítulo 7), bem assim verificar como o recente *Protocolo 16* à Convenção Europeia de Direitos Humanos e a aplicação da Carta dos Direitos Fundamentais da União Europeia podem modificar o cenário europeu da tridimensionalidade, oferecendo, também, modelos para os demais contextos (Capítulo 8).

Antes de iniciar o presente estudo, é necessário, contudo, esclarecer que uma teoria tridimensional deve dotar-se de certas precauções de *método* e de *contexto*, sem as quais não se pode desenvolvê-la a contento[4].

Em primeiro lugar, cabe destacar que a nossa proposta teórica não pretende simplesmente afirmar a existência de um sistema de "justiça constitucional plural", como sustenta parte da doutrina internacionalista[5], mesmo à base de uma teoria abrangente do fede-

---

[4]   L. Burgorgue-Larsen, Prendre les droits communautaires au sérieux ou la forme d'attraction de l'expériance européenne en Afrique at en Amérique latine, in *Les dynamiques du droit européen an début de siècle. Etudes en l'honneur du Prof. Jean-Claude Gautron*, Paris, Pedone, 2004, p. 563 ss.

[5]   Cfr. a tese italiana de A. Cerri, *Corso di giustizia costituzionale plurale*, Giuffrè, Milano 2012. Na América Latina, *v.* a obra de R. Velasquez Ramires

ralismo[6]. O fenômeno da tridimensionalidade, de fato, vai além da questão do papel desempenhado pelos tribunais constitucionais, eis que também envolve os juízes comuns e, sobretudo, o sistema das fontes de proteção dos direitos humanos[7]. Assim, a teoria que se irá propor nas páginas seguintes representa um *plus* ao que se tem desenvolvido até o presente momento em sede doutrinária, especialmente por "envolver" o sistema (interno e internacional) de justiça com o tema dos "direitos humanos" e sua proteção multinível.

Em segundo lugar, deve-se ter bem esclarecido que uma teoria tridimensional há de atentar para as diferenças existentes entre os processos de integração regional (como a União Europeia, o SICA, o Mercosul e a CAN) e os processos regionais (como a Unasul, a ALBA e a Aliança do Pacífico), eis que são distintas não apenas as relações entre Estados, mas também as relações entre as fontes das diversas organizações no que tange à "matéria" relativa a direitos humanos e ao papel dos juízes[8].

Por fim, cabe deixar claro que o percurso de comparação não pode ignorar a diferença entre a atitude "cultural" da União Europeia e a dos Estados Unidos da América na promoção ou apoio às formas de regionalismo latino-americano. De fato, à perspectiva europeia de "regionalismo profundo" – isto é, fortemente institucionalizado e, como tal, "imitável", e só na América Latina possível de reproduzir-se com todos os elementos estruturais presentes no

---

& H. Bobadilla Reyes (orgs.), *Justicia constitucional, derecho supranacional e integración en el derecho latinamericano*, Lima, Grisjley, 2007.

[6] K. Lenaerts, Constitutionalism and the Many Faces of Federalism, in *Am. J. Comp. L.*, vol. 38, 1990, p. 220 ss.

[7] Tal complexidade foi compreendida com muita clareza pela Corte Constitucional italiana na Sentença 80/2011. A propósito, *v*. E. Malfatti, S. Panizza & R. Romboli, *Giustizia costituzionale*, Torino, Giappichelli, 2013, p. 380-381.

[8] Sobre a importância dessa distinção, *v*. M. Levi Coral, Unión Europea-América del Sur: la posible relación entre actores globales, in J. Roy (comp.), *Después de Santiago: integración regional y relaciones Union Europea-América latina*, Miami, Jean Monnet Chair, 2013, p. 135 ss.

contexto europeu[9] – se contrapõe o "regionalismo *soft*", sustentado pelos Estados Unidos, direcionado especialmente à promoção do livre comércio dentro do Continente Americano, porém, muito menos preocupado com o reforço das estruturas institucionais da integração[10].

Em suma, bem compreendidas essas premissas, é então possível dar início à nossa proposta de uma teoria da tridimensionalidade das integrações supranacionais, comparando os sistemas e modelos existentes na Europa e na América Latina.

---

[9] Cf. G. Grieger, EU-Latin America Relations: Briefing 17/3/2014, in *European Parliamentary Research Service*, 2014, disponível em: <www.eprs.ep.parl.union.eu>.

[10] Sobre a relevância desse discurso para a América Latina, *v.* I. G. Bărbulescu & A. Mihai Ghigiu, Una visión interregional de América Latina entre el modelo europeo y el norteamericano, in J. Roy, *Después de Santiago: integración regional y relaciones Union Europea-América latina*, Miami, Jean Monnet Chair, 2013, p. 23 ss.

Capítulo 1

Direito Constitucional Comparado das Integrações Regionais

A história do direito tem demonstrado que as estruturas jurídicas dos diversos sistemas de direito contemporâneos guardam entre si similitudes que podem ser nominadas de "modelos jurídicos". Tais similitudes apresentam-se entre ordenamentos nascidos de um *mesmo* sistema (*v.g.*, os sistemas da *Common Law* e da *Civil Law*) ou de sistemas *distintos* (*v.g.*, o sistema jurídico muçulmano e o asiático). Seja num ou noutro caso, o certo é que, mesmo que aparentem ser completamente díspares, todas essas "ordens jurídicas" guardam aspectos muito semelhantes entre si. Como não poderia deixar se ser, tal também é assim no que tange aos sistemas de integração regional, os quais apresentam similitudes que merecem ser devidamente estudadas, especialmente para que se estabeleça uma "comparação" entre eles, a fim de se compreender o que de avançado há em um e no que pode(m) melhorar o(os) outro(s) tendo como paradigma o primeiro, e vice-versa.

A primeira constatação que se há de fazer, no que toca ao estudo dos sistemas regionais de integração, é a de que se está diante de sistemas, *a priori*, de índole "tridimensional" (ainda que alguns deles, como, *v.g.*, o sul-americano, necessitem ainda, para se tornar completos, que se institua o terceiro pilar dessa tríade). A segunda constatação é a de que essa estrutura tridimensional das integrações regionais representa um fenômeno jurídico definitivamente nascido, em toda a sua clareza e complexidade, no Continente Europeu, sobretudo depois da conclusão do Tratado de Lisboa de 2007[1] (em vigor desde 1º de dezembro de 2009) e da reformulação do art. 6º do Tratado da União Europeia – TUE[2]. No Continente Americano, por sua vez, essa "triangulação" tem aparecido sobretudo na América *Central*, onde já existe – diferentemente do que ocorre, por enquanto, com a América *do Sul* – um tribunal regional supranacional (a Corte Centro-Americana de Justiça) com competência para controlar a validade comunitária das normas centro-americanas, com funções similares às que detém o TJUE no plano europeu, capaz também de "dialogar" tanto com a Corte IDH quanto com os juízes e tribunais internos dos seus Estados-partes (Costa Rica, El Salvador, Guatemala, Honduras, Nicarágua e Panamá)[3].

---

[1] Sobre esse instrumento, *v.* em geral V. Constantinesco, Le traité de Lisbonne, in *REE*, 2008, p. 17 ss, A. Vitorino, Luzes e sombras do Tratado de Lisboa, in *REE*, nº 4, 2008, p. 33 ss, N. Moussis, Le traité de Lisbonne: une constitution sans en avoir le titre, in *RMCUE*, nº 516, 2008, p. 161 ss, J. Schwarze, Le traité de Lisbonne: quelques remarques d'un observateur allemand, in *RMCUE*, nº 518, 2008, p. 281 ss, J. P. Jacqué, Du Traité constitutionnel au Traité de Lisbonne: tableau d'une négociation, in *RDPSP*, nº 3, 2008, p. 822 ss, C. Amado Gomes, Tratado de Lisboa: ser ou não ser... reformador (eis a questão), in *RMP*, nº 114, 2008, p. 7 ss, A. C. Melo Lorentz, *O Tratado de Lisboa*, Ijuí, Ed. Unijuí, 2008, p. 19-130, D. Freitas do Amaral & Nuno Piçarra, O Tratado de Lisboa e o princípio do primado do Direito da União Europeia: uma "evolução na continuidade", in *RDP*, nº 1, 2009, p. 9 ss, e M. L. Duarte, *Estudos sobre o Tratado de Lisboa*, Coimbra, Almedina, 2010.

[2] Cfr. M. L. Duarte, *União Europeia e direitos fundamentais (no espaço da internormatividade)*, cit., p. 91-115, M. Pedrazza Gorlero (org.), *Corti costituzionali e Corti europee dopo il Trattato di Lisbona*, Napoli, ESI, 2010, E. Faletti & V. Piccone (org.) *L'integrazione attraverso i diritti. L'Europa dopo Lisbona*, Roma, Aracne, 2010, G. Martinico & O. Pollicino, *The National Judicial Treatment of the ECHR and EU Laws. A Comparative Constitutional Perspective*, Gröningen, Europa Law Publishing, 2010, e P. Popelier, C. van De Heyning & P. van Nuffel (eds.), *Human Rights Protection in the European Legal Order: the Interaction between the European and the National Courts*, Cambridge, Intersentia 2011.

[3] Cfr. V. Mazzuoli, *Por um Tribunal de Justiça para a Unasul...*, cit., p. 199-206, e K. Nyman-Metcalf & I. F. Papageorgiou, *Regional integration and Courts of Justice*, Antwerpen, Intersentia, 2005.

No plano do direito supranacional europeu, é no art. 6º do TUE que se encontram as seis características elementares da tridimensionalidade, quais sejam:

1. relação contextual entre Estados, ordenamento supranacional de integração e sistema convencional de proteção dos direitos humanos;

2. consequente tutela multinível dos direitos humanos;

3. interconexão normativa e interpretativa entre ordens estatais, sistema convencional e sistemas jurídicos de integração supranacional;

4. "diálogo" jurisprudencial entre tribunais supranacionais e estatais, com tendencial equivalência da proteção dos direitos humanos no que tange às fontes dos vários ordenamentos envolvidos;

5. garantia objetiva desses direitos e obrigação objetiva dos sujeitos infraestatais em respeitá-los, com fundamento não só nas fontes dos ordenamentos supranacionais, mas também nas das interpretações jurisprudenciais produzidas;

6. valorização das tradições constitucionais comuns e das identidades estatais das soberanias envolvidas.

O direito constitucional comparado das integrações regionais deve, portanto, ser medido e avaliado em todos esses seis planos, pondo em marcha a comparação entre (*a*) suas fontes, (*b*) suas interpretações e (*c*) suas tradições e identidade. Deve, também, dedicar especial atenção à "formação" normativa, para que não una os sistemas convencionais com os ordenamentos regionais de integração. Isso por que, nos primeiros, a "formação" normativa é ausente, uma vez que os direitos nela contemplados são direitos "sem legislação" e se concretizam exclusivamente por meio da jurisprudência e da interpretação inferida das sentenças prolatadas nos casos concretos, enquanto que, nos ordenamentos regionais de integração, um sistema de fontes, ainda que rudimentar, deve existir e, por consequência, ser levado em conta no impacto capaz de produzir ou suportar frente à concretização ou limitação desses direitos. Essa constatação leva a crer que os sistemas regionais de integração devem, sobretudo, fazer "dialogar" as suas fontes de produção com os sistemas convencionais existentes, especialmente em matéria de direitos humanos (*v. infra*).

Fora do Continente Europeu essa rica e articulada tridimensionalidade se apresenta apenas parcialmente no que tange às seis categorias acima referidas, às vezes enriquecendo-se de outras dinâmicas, como, *v.g.*, a assim chamada lógica do *Pick and Choose*, às vezes confundindo-se com o fenômeno do *Overlapping Jurisdiction*, ou seja, dos conflitos de competência ou de jurisdição entre tribunais supranacionais[4], ou ainda, em outros casos, produzindo efeitos de *Fragmentation* do direito internacional, em razão da "pluralidade" das fontes normativas e dos instrumentos de tutela dos direitos humanos existentes[5], todos unidos por formas mais ou menos semelhantes de *Embeddedness*, ou seja, de "intromissão" interordenamental dos efeitos das jurisprudências supranacionais

---

[4] Tal foi o que ocorreu no plano da União Africana, em que – para eliminar os casos de conflito ou competição entre juízes e decisões supranacionais – se procedeu à fusão em uma única Corte das duas Cortes originalmente existentes na mesma órbita regional: a Corte de Direitos Humanos e dos Povos e a Corte de Justiça da União Africana. Sobre o tema, *v.* P. Pennetta (org.), *L'evoluzione dei sistemi giurisdizionali regionali ed influenze comunitarie. Atti Seminario Salerno 1-2 outubro 2009*, Bari, Cacucci, 2010. V. também R. Cadin, "We have an African Dream": sviluppi istituzionali e giurisprudenziali del sistema africano di protezione dei diritti umani e dei popoli, in *Focus Human Rights*, nº 3, 2013, disponível em: <www.federalismi.it>, e L. Cappuccio, A. Lollini & P. Tanzarella (org.), *Le Corti regionali tra Stati e diritti. I sistemi di protezione dei diritti fondamentali europeo, americano e africano a confronto*, Napoli, Editoriale Scientifica, 2012.

[5] Trata-se do fenômeno da coexistência, no mesmo espaço de eficácia, das dinâmicas de internacionalização, regionalização supranacional e especificação conteudística das tutelas dos direitos humanos. A propósito, *v.* T. Buergenthal, The Proliferation of International Courts and Tribunals. Is it Good or Bad?, in *Leiden J. Int.'l L.*, 2001, p. 267 ss, M. Koskenniemi & L. Pani, Fragmentation of International Law? Postmodern Anxieties, in *Leiden J. Int.'l L.*, nº 15, 2002, p. 553 ss, V. Mazzuoli, Os tratados internacionais de direitos humanos como fonte do sistema constitucional de proteção de direitos, in *Rev. Forense*, vol. 377, 2005, p. 467 ss, e A. Pisanò, *I diritti umani come fenomeno cosmopolita. Internazionalizzazione, regionalizzazione, specificazione*, Milano, Giuffrè, 2011.

em termos de precedente judicial vertical – vinculante para os juízes nacionais – ou de verdadeira fonte normativa de "validade" dos atos internos dos Estados-partes[6]. Essa, como se verá, é uma questão que gera importantes debates, *v.g.*, no sistema interamericano de direitos humanos, eis que a Corte IDH guarda para si a condição de "guardiã" da Convenção Americana sobre Direitos Humanos – CADH.

Portanto, somente com a citada disposição europeia (art. 6º do TUE) é que a tridimensionalidade fica claramente marcada com as mencionadas características. Veja-se, desde logo, a sua redação:

> "Art. 6º. 1. A União reconhece os direitos, as liberdades e os princípios enunciados na Carta dos Direitos Fundamentais da União Europeia, de 7 de dezembro de 2000, (…) que tem o mesmo valor jurídico que os Tratados.
>
> De forma alguma o disposto na Carta pode alargar as competências da União, tal como definidas nos Tratados.
>
> Os direitos, as liberdades e os princípios consagrados na Carta devem ser interpretados de acordo com as disposições gerais constantes do Título VII da Carta que regem a sua interpretação e aplicação e tendo na devida conta as anotações a que a Carta faz referência, que indicam as fontes dessas disposições.
>
> 2. A União adere à Convenção Europeia para a Proteção dos Direitos do Homem e das Liberdades Fundamentais. Essa adesão não altera as competências da União, tal como definidas nos Tratados.

---

[6] Sobre o fenômeno, no que tange ao contexto europeu, *v.* L. R. Helfer, Redesigning the European Court of Human Rights: Embeddedness as a Deep Structural Principle of the European Rights Regime, in *Eur. J. Int.'l L.*, 2008, p. 135. Mas a sua dinâmica se refere (como se verá no texto) apenas às integrações latino-americanas com o assim chamado "controle de convencionalidade". Uma comparação tridimensional entre o contexto europeu e o contexto latino-americano, com ênfase especial à identificação dos "lugares" da certeza do direito constitucional, pode ser encontrada em: M. P. Larné, *La protezione dei diritti umani: disposizioni costituzionali, trattati internazionali e giudizi di costituzionalità. Una prospettiva comparata fra ordinamenti europei e latinoamericani*, Livorno, Media Print, 2010.

3. Do direito da União fazem parte, enquanto princípios gerais, os direitos fundamentais tal como os garante a Convenção Europeia para a Proteção dos Direitos do Homem e das Liberdades Fundamentais e tal como resultam das tradições constitucionais comuns aos Estados-membros".

Como se percebe, já existe na Europa, a partir da implementação dessa regra, uma relação tridimensional (para além de simplesmente "triangular") pela qual a União reconhece força normativa às disposições da *Carta dos Direitos Fundamentais da União Europeia* (doravante, "Carta de Nice"), bem assim adere à Convenção Europeia de Direitos Humanos – CEDH, a qual passa a ser parte integrante do direito da União.

No que tange à América Latina, poder-se-ia tentar invocar o art. 28 da CADH, que disciplina a chamada *"cláusula federativa"*, cujo inciso 3º assim dispõe:

"Quando dois ou mais Estados-partes decidirem constituir entre eles uma federação ou outro tipo de associação, diligenciarão no sentido de que o pacto comunitário respectivo contenha as disposições necessárias para que continuem sendo efetivas no novo Estado, assim organizado, as normas da presente Convenção".

Qualquer processo integrativo/federativo latino-americano, nos termos dessa disposição, poderia ser equiparado a um "novo Estado"[7] e, em razão disso, ver-se vinculado, como pacto comunitário supranacional, à Convenção Americana; e isso não em virtude de previsões específicas dos tratados de integração, mas em razão

---

[7] Não parece forçado o referido nexo, quanto menos porque na América Latina teorizações e experiências de integração/federação conhecem percursos originais, não inteiramente atribuíveis às classificações do constitucionalismo euro-estadunidense. Cfr., no mérito, C. J. Bruzón Viltres, *Confederación de Estados e intergacion regional en América latina*, 2009, disponível em: <www.eumed.net/libros-gratis/2009c/573/index.htm>; e também o *Anuario de la Integracion Regional de América latina y el Gran Caribe*, disponível em: <www.cries.org>.

do efeito "transitivo" dos Estados-partes à Convenção e de suas Constituições, que contêm cláusulas "abertas" à CADH[8]. O efeito, reflexamente, seria aquele de desenhar uma espécie de triângulo cujo vértice seria justamente a CADH. Porém, como se verá mais adiante, essa hipótese não resiste ao teste da prática e das interpretações. Aliás, não há no sistema interamericano (à exceção da América *Central*) outro tribunal supranacional, tal como existe na União europeia (o TJUE), também dotado de competência, ainda que reflexa, em "matéria de direitos humanos" (esse tribunal seria, no caso da América *do Sul*, o Tribunal de Justiça da Unasul, ainda não existente).

Deve-se, porém, esclarecer que não é a triangulação verticalizante o desenho traçado pelo art. 6º do TUE. A leitura atenta de seus três incisos qualifica de forma "circular" a conformação tridimensional da integração regional europeia, explicando que:

a) a tridimensionalidade realiza-se apenas no âmbito da tutela dos humanos[9];

b) opera na inter-relação normativa e interpretativa entre ordenamentos estatais, presidida por suas Constituições no que tange à tutela desses direitos, convenções regionais de direitos humanos (na Europa, a Convenção Europeia de Direitos Humanos de 1950) a

---

[8] É interessante notar que na *Resolução* da Corte Interamericana de Direitos Humanos, de 30 de março de 2006, relativa às "*Medidas Provisionales Caso de las Penitenciarías de Mendoza*", declarou-se que a falta de diálogo entre estruturas federativas de um Estado não deve servir de obstáculo à observância da Convenção, como também anteriormente afirmado no caso "*Garrido y Baigorria vs. Argentina*" (Sentença de 27 de agosto de 1998, Série C, nº 39, parágrafo 46). Essa jurisprudência, todavia, é referida sempre em relação aos Estados, dotados de personalidade jurídica internacional e formalmente partes na CADH; nada diz sobre as relações entre a CADH e integrações regionais supraestatais enquanto tais, nem sobre qual fundamento jurídico (supranacional ou internacional) permite pregar a submissão da organização regional à Convenção, não obstante o silêncio dos tratados institutivos.

[9] Cfr. M. L. Duarte, *União Europeia e direitos fundamentais (no espaço da internormatividade)*, cit., p. 91-115 (em tópico especial dedicado à proteção dos direitos fundamentais na União Europeia).

que os Estados aderem, e ordenamentos supranacionais instituídos por tratados de integração regional (na Europa, a União Europeia – UE)[10], dos quais também participam os Estados para finalidades que acabam por envolver direitos (como demonstra a cinquentenária experiência europeia[11]);

c) em razão do que dispõe o art. 6º do TUE, a "Carta de Nice", enquanto fonte primária da União Europeia (que tem o "mesmo valor jurídico dos tratados"), se expande aos "direitos reconhecidos pela jurisprudência do Tribunal de Justiça das Comunidades Europeias e da Corte Europeia de Direitos Humanos"[12], pondo em

---

[10] V. J. H. H. Weiler, Diritti umani, costituzionalismo ed integrazione: iconografia e feticismo, in *Quad. Cost.*, 2002, p. 536 ss, que assim escreve sobre a CEDH: não uma forma de organização dos poderes ou de fontes, mas um sistema de tutela *do* e *para* os Estados, ao contrário da EU, que, a seu turno, representa uma verdadeira "forma de governo".

[11] Portanto, a tridimensionalidade, ao descrever um fenômeno especificamente circunscrito à tutela dos direitos fundamentais, não coincide com a pura e simples "tríade" das relações entre direito estatal, direito comunitário e direito internacional público, sobre a qual insiste, na América Latina, a hipótese interpretativa de E. Biacchi Gomes, *Manual de Direito da Integração Regional*, Curitiba, Juruá, 2010, p. 180. Na literatura europeia, vejam-se as colocações de M. L. Duarte, *União Europeia e direitos fundamentais (no espaço da internormatividade)*, cit., p. 367-368, sobre aquilo que entende por "triângulo judicial europeu", nestes termos: "Imagine-se um triângulo: em cada um dos ângulos aguarda, habilitado para exercer as suas competências, um juiz, integrado numa das três possíveis instâncias judiciais – o nível nacional (qualquer tribunal de um Estado-membro da União Europeia), o nível eurocomunitário (o Tribunal de Justiça ou o Tribunal de Primeira Instância) e o nível europeu (o Tribunal Europeu dos Direitos do Homem). No meio deste triângulo imaginário, encontra-se o particular, cidadão da União Europeia ou cidadão de Estado terceiro, que hesita quanto ao caminho que deverá tomar para invocar judicialmente um direito subjetivo de que é titular, direito este que, enquanto princípio geral de direito comunitário, foi supostamente violado em resultado de um comportamento imputável ao decisor da União Europeia". Para o uso pioneiro da expressão "triângulo judicial europeu" em Portugal, *v.* M. L. Duarte, O direito da União Europeia e o direito europeu dos direitos do homem: uma defesa do "triângulo judicial europeu", in J. Miranda (coord.), *Estudos em homenagem ao Professor Doutor Armando M. Marques Guedes*, Coimbra: Coimbra Editora, 2004, p. 735 ss.

[12] Assim, o *Preâmbulo* da "Carta de Nice".

marcha, assim, o diálogo judicial entre as duas cortes supranacionais, além de pressupor a "equivalência" de tutela entre convenções regionais sobre direitos humanos e tratados de integração regional;

d) pelo fato de a CEDH, diferentemente dos tratados do direito internacional clássico, ultrapassar o quadro da simples reciprocidade entre Estados contratantes, funda-se em obrigações objetivas que beneficiam uma "garantia coletiva", quer por meio do direito *jurisprudencial* regional (como "direito constitucional comum", fruto das interpretações não apenas do Tribunal de Luxemburgo – TJUE, mas também da Corte de Estrasburgo – Corte EDH[13]), quer pelo direito *ordenamental* regional (como "direito constitucional geral" de todas as fontes produzidas pelos órgãos não judiciários da União Europeia);

e) se insere na demarcação entre direito constitucional "geral" (ou "político") e direito constitucional "comum" (ou "cultural" ou "jurisprudencial")[14];

---

[13] De fato, a jurisprudência da CEDH, originalmente voltada à solução de controvérsias específicas relativas a casos concretos, caracterizou-se no tempo por uma evolução marcada pela valorização de uma função para-constitucional de tutela do interesse geral relativo ao direito objetivo, fornecendo indicações ao Estado responsável sobre as medidas que tem que adotar para extirpar as antinomias com a Convenção e suas interpretações jurisprudenciais. Assim a sentença da Corte EDH de 18 de janeiro de 1978, relativa ao caso "*Irlanda vs. Regno Unido*", ric. 5310/1971.

[14] Observe-se que direito constitucional "geral" (como direito proveniente de todos os órgãos de um ente e identificado no sistema das fontes) e direito constitucional "comum" (como direito nitidamente jurisprudencial e, portanto, interpretativo) são fórmulas figurativas europeias, que não surgem como sinônimas no constitucionalismo do século XX. A primeira pertence substancialmente ao "direito político", enquanto a segunda torna-se protagonista (sobretudo na segunda metade do século XX) junto ao assim chamado "direito cultural", na passagem do Estado de Direito para o Estado Constitucional e, consequentemente, à criação dos sistemas de controle de constitucionalidade das leis. O idealizador da fórmula "direito constitucional geral" foi B. Mirkine-Guetzévitch (in *Les nouvelles tendances du droit constitutionnel*, Paris, Giard, 1931). Para a fórmula do "direito constitucional comum" pense-se ao menos em Peter Häberle (cfr., para detalhes, G. Luther, La scienza häberliana delle Costituzioni, in P. Comanducci & R. Guastini

f) em razão da referência que o art. 6º do TUE faz às "tradições constitucionais comuns aos Estados-membros", a tridimensionalidade toma para si a experiência constitucional dos Estados envolvidos no processo tridimensional[15], permitindo que os vários ordenamentos estatais sejam constantemente "alimentados" com a experiência constitucional uns dos outros;

g) enfim, em conjunto com o art. 4(2) do TUE, respeita-se também as identidades nacionais dos Estados, garantindo-lhes autonomia jurídica sem prejuízo das regras tridimensionais de proteção às quais se inserem[16].

(org.), *Analisi e diritto 2001*, Torino, Giappichelli, 2002, p. 105 ss). Para uma representação clara e eficaz da contraposição entre "direito político" e "direito cultural", *v.* especialmente A. Pizzorusso, Fonti "politiche" e fonti "culturali" del diritto, in *Studi on. Enrico Tullio Liebman*, vol. I, Milano, Giuffrè, 1979, p. 327 ss. Sobre a declinação "cultural", além obviamente de P. Häberle, deve-se levar em consideração também Paul Kahn, *Lo studio culturale del diritto* (1999), trad. it., Reggio Emilia, Diabasis, 2008. A distinção entre as duas perspectivas de direito constitucional reflete, em larga medida, a divergência que, na literatura anglo-americana, se encontra entre constitucionalismo "jurídico" (ou seja, fundado na argumentação dos juízes) e constitucionalismo "político" e "popular" (fundado sobre decisões da representação política). *V.* na Itália, M. Goldoni, Il ritorno del costituzionalismo alla politica: il «Political» e il «Popular» Constitutionalism, in *Quad. Cost.*, nº 4, 2010, p. 733 ss; e para a América Latina, *v.* P. Riberi, Derecho y política: tinta y sangre, in R. Gargarella (coord.), *La Constitución en 2020*, Buenos Aires, Siglo XXI, 2011, p. 240 ss, e a bibliografia ali citada.

[15] Cfr. C. Pinelli, Le tradizioni costituzionali comuni ai popoli europei fra apprendimenti e virtù trasformative, in *Giornale Storia Cost.*, nº 9, 2005, p. 11 ss. Para uma boa síntese das elaborações jurisprudenciais sobre as "tradições constitucionais comuns" em um quadro metodológico comparativo, *v.* G. de Vergottini, *Diritto costituzionale comparato*, vol. I, Padova, Cedam, 2007, p. 18-23.

[16] Sobre o tema da "identidade" na UE, *v.* S. Gambino, Identità costituzionali nazionali e *primauté* eurounitaria, in *Quad. cost.*, nº 3, 2012, p. 533 ss, B. Guastaferro, Beyond the Exceptionalism of Constitutional Conflicts: The Ordinary Functions of the Identity Clause, in *Yearbook Eur. L.*, nº 1, 2012, p. 263 ss, e F. Vecchio, *Primazia del diritto europeo e salvaguardia delle identità costituzionali. Effetti asimmetrici dell'europeizzazione dei controlimiti*, Torino, Giappichelli, 2012.

Portanto, quando o tema da tutela dos direitos humanos se relacionar com um processo de integração regional dentro do qual também opere uma convenção regional de proteção dos direitos humanos, se houver o necessário "diálogo" entre as cortes supranacionais relativamente à experiência constitucional dos Estados-partes do processo integrativo, ali, então, poderá existir a tridimensionalidade das integrações regionais em seus "elementos determinantes", isto é, com as características irrenunciáveis para a subsistência desse fenômeno[17]. Por outro lado, nos sistemas em que não exista essa integração regional dentro da qual haja uma convenção específica em matéria de direitos humanos, e nos quais também não exista o referido "diálogo" entre as cortes supranacionais e os tribunais internos, não haverá, por sua vez, as condições necessárias para a referida triangulação. Tome-se, como exemplo, o caso do sistema sul-americano, cuja instituição regional é a Unasul: esta não mantém (pelo menos por enquanto) formalmente qualquer tipo de "diálogo" com o sistema de direitos humanos da CADH. Assim, tem-se que na América do Sul a relação de um cidadão (brasileiro, argentino, uruguaio, colombiano, peruano etc.) com o sistema interamericano de direitos humanos é "binária", eis que não mantém qualquer relação com as normas convencionais da Unasul, a qual – diferentemente da UE, em relação à CEDH – não é parte na CADH; aliás, sequer existe, no sistema interamericano, a possibilidade jurídica (atualmente) de a Unasul vir a "ser parte" da CADH.

Como se nota, a comparação da tridimensionalidade não se limita à verificação da existência dos fenômenos da "harmonização",

---

[17] Sobre a relevância do "elemento determinante" no plano de uma comparação interordenamental, confira-se a importante proposta metodológica de L.-J. Constantinesco, *Il metodo comparativo* (1972), trad. it., Torino, Giappichelli, 2000, p. 160 ss, na qual se inspira este ensaio. Sobre a sua utilidade na análise jurisprudencial e dos modelos de julgamento sobre direitos, *v.* L. Pegoraro, Elementi determinanti ed elementi fungibili nella costruzione dei modelli di giustizia costituzionale, in *Derecho constitucional comparado. Itinerarios de investigación*, Bogotá, Universidad Libre, 2011, p. 307 ss.

"uniformização" ou "unificação" do direito[18]. Ao contrário, ela se encarrega de todas as implicações que a tridimensionalidade produz: entre os Estados, entre as fontes e entre a interpretação "substancial" que permite a convivência multinível[19].

É exatamente por essa razão que, na Europa, se está desenvolvendo uma metodologia de comparação constitucional não mais simplesmente "interestatal" (ou seja, de "Direito Constitucional Comparado") ou "inter-regional" (como nos estudos de "Direito Comunitário Comparado", presentes tanto na Europa[20] como na América Latina[21]), mas também, e sobretudo, uma metodologia de comparação "inter-europeia"[22] (ou de "Direito Europeu Comparado", entre a UE, os Estados e a CEDH[23]), que também não deixa de ser uma comparação *tridimensional*[24]. De fato, começa-se a per-

---

[18] Sobre a distinção entre "harmonização", "unificação" e "uniformização" e sobre sua diferença dos processos de integração normativa, v. C. Mialot & P. D. Ehongo, De l'intégration normative à géometrie et a gèographie variables, in M. Delmas-Marty (dir.), *Critique de l'intégration normative*, Paris, PUF, 2004, p. 34 ss.

[19] G. Betlem & A. Nollkaemper, Giving Effect to Public International Law and European Community Law before Domestic Courts. A Comparative Analysis of the Practice of Consistent Interpretation, in *14 Eur. J. Int'l L.*, n° 3, 2003, p. 569 ss.

[20] Na Italia, v. M. Panebianco, F. Guida & A. Di Stasi, *Introduzione al diritto comunitario comparato*, Salerno, Edisud, 1993.

[21] Cfr., v.g., A. M. Soto & F. Floreal González, *Derecho de la Integración*, Buenos Aires, La Ley, 2011; para a América Central, v. R. Chamorro Mora & C. F. Molina Dal Pozo (coords.), *Derecho Comunitario Comparado. Unión Europea-Centroamérica*, Managua, Imprimatur, 2003.

[22] Nessa perspectiva, entre outras, lembre-se a proposta de Marta Cartabia em praticar, nesse tema, um método de "comparação cognitiva": cfr. M. Cartabia, L'ora dei diritti fondamentali nell'Unione europea, in Id. (org.), *I diritti in azione*, Bologna, Il Mulino, 2007, p. 57 ss.

[23] V. o trabalho pioneiro de O. Pollicino, *Allargamento dell'Europa a Est e rapporto tra Corti costituzionali e Corti europee. Verso una teoria generale dell'impatto interordinamentale del diritto sovranazionale?*, Milano, Giuffrè, 2010, p. 2 ss e p. 444 ss.

[24] Uma recente proposta de análise comparada da tridimensionalidade europeia identifica como "núcleo lógico" a "legalidade supranacional" em sua relação com a "legalidade constitucional", representada pelas "reservas de

ceber na Europa um mosaico de direitos com dimensões que se sobrepõem e que não são simplesmente "triangulares"; ou seja, não se está a falar de uma "triangulação jurídica" pura e simplesmente, senão de uma "proteção multidimensional" que comporta atualmente três níveis.

Ao contrário, como se disse, nos sistemas em que não todos os seis referidos "elementos determinantes" correspondem àqueles presentes no contexto europeu, é também possível que se apresentem conexões tridimensionais[25], porém será muito mais difícil di-

---

soberania" dos Estados e pelas "reservas de identidade constitucional" expressas pelas cortes constitucionais nacionais: cfr. B. Guastaferro, *Legalità sovranazionale e legalità costituzionale*, Torino, Giappichelli, 2013.

[25] A referência à comparação entre a Europa e a América Latina emerge dos trabalhos de J. E. Bericeño Berrù, I processi di integrazione economica in America Latina alla luce delle concezioni giuridiche contemporanee, in *Dir. Comunit. Scambi Internaz.*, 1999, p. 391 ss; Aspetti giuridici dell'integrazione regionale dell'America latina, in G. Sacerdoti & S. Alessandrini (org.), *Regionalismo economico e sistema globale degli scambi*, Milano, Giuffrè, 1994, p. 329 ss; e de E. Capizzano, I nuovi orizzonti della comparazione giuridica nella prospettiva di un diritto intercomunitario di fronte allo scenario di nascenti regionalismi nelle diverse aree del mondo e la lezione storica di Jean Monnet (e... un pizzico di avvenirismo anche giuridico e politico-culturale lungo la strada maestra della pace e della sicurezza fra i popoli del mondo), in Id. (org.), *Il modello comunitario del diritto agrario di fronte ai nuovi problemi dell'ordine internazionale*, Camerino, Univ. Camerino, 1995, IX ss, M. Casanova, Réflexions sur les progrès du processus d'intégration et de coopération en Amérique Latine, in *Rev. Institut Belge Dr. Comparé*, 1976, p. 317 ss, E. Cerexhe, La problématique de phénomènes d'intégration, in M. Panebianco (org.), *Europa comunitaria e America latina. Integrazione e cooperazione* (Convegno internazionale di studi, 28-30 abril 1983), Salerno, Ed. Isti. Dir. Pubbl. Università Salerno, 1989, p. 5 ss, A. Di Stasi (org.), *Codice dell'integrazione latino-americana. Il SELA: Sistema economico latino-americano*, Salerno, Elea Press, 1992; bem assim os incontáveis trabalhos de Massimo Panebianco, entre os quais: I modelli di integrazione in America Latina: l'ALADI ed il SELA, in *Dir. Comunit. Scambi Internaz.*, 1982, p. 642 ss, Introduzione al diritto comunitario comparato (diritto internazionale e diritto dell'integrazione nell'Europa comunitaria e in America latina), Salerno, Edisud, 1985; L'integrazione europea e latino-americana fra internazionalismo e costituzionalismo, in *Dir. Società*, 1979, p. 5 ss; L'internazionalismo bolivariano e l'integrazione degli Stati in America Latina, in *Riv. Studi Pol.*

zer que ali exista uma "tridimensionalidade de integração regional" equiparável à existente atualmente na Europa[26]. Esse é exatamente o caso da América Latina: nela, a tridimensionalidade se manifesta pela relação entre Estados, CADH, tratados de integração regional (em especial o SICA[27], a CARICOM, a CAN e o Mercosul[28]) e também, em menor proporção, "identidade constitucional" (como ocorre nas relações entre os Estados centro-americanos). Nesses lugares, as dinâmicas dos "elementos determinantes" aparecem sobrepostas entre si e comparáveis com aquelas europeias apenas em *superfície* e *parcialmente*, embora convergências de "contextos" ou "casos" individuais sejam também encontradas.[29] Assim, não há propriamente nesses modelos uma "tríade integrativa", senão apenas relações "binárias". Essa constatação sugere a necessidade de

---

Internaz., 1983, p. 397 ss; e também I. Recavarren (org.), *América Latina hoy: derecho y economía*, (Collana Istituto di Studi Latino-Americani dell'Università Bocconi, 2), Milano, EGEA, 1995, p. 183 ss.

[26] Sobre os problemas da comparação dos fenômenos supranacionais como método, relativamente às aquisições dogmáticas do direito internacional e do direito constitucional, cfr. Ph. F. De Lombaerde, L. Sönderbaum, L. van Langenhove & F. Baert, The Problem of Comparison in Comparative Regionalism, in *9 Jean Monnet/Robert Schuman Paper Series*, n° 7, Coral Gables (FL), Univ. of Miami, 2009; por sua vez, como núcleo lógico e conceitual, cfr. B. N. Mamlyuk & U. Mattei, Comparative International Law, in *36 Brook. J. Int'l L.*, n° 2, 2011, p. 385 ss; e como utilizabilidade dos instrumentos do constitucionalismo estatal, cfr. A. von Bogdandy, *El constitucionalismo en el derecho internacional*, 2007, disponível em: <www.juridicas.unam.mx>.

[27] Destaque-se a influência da União Europeia no estabelecimento do SICA, tal como informam K. Nyman-Metcalf & I. F. Papageorgiou, *Regional integration and Courts of Justice*, cit., p. 17-18: "O SICA foi estabelecido com uma significativa influência institucional (e também financeira) da União Europeia, definindo como prioridade política na região o estabelecimento de bases sólidas de integração, como meio para a recuperação econômica, a democratização e a pacificação na região".

[28] Sobre os processos latino-americanos de integração, *v.* CESPI (org.), *I processi di integrazione in America latina*, Roma, Osservatorio di Politica Internazionale del Parlamento Italiano, 2010.

[29] Cfr. A. Di Stasi, *Il diritto all'equo processo nella CEDU e nella Convenzione americana sui diritti umani: analogie, dissonanze e profili di convergenza giurisprudenziale*, Torino, Giappichelli, 2012.

confrontar o "Direito europeu comparado" com as realidades extraeuropeias, como já experimentado em outros *campi* de pesquisa[30], para se chegar a um verdadeiro *Direito Constitucional Comparado das Integrações Regionais*, voltado para a questão da existência de diferentes tridimensionalidades supranacionais, distintamente funcionais à proteção dos direitos humanos e distintamente incidentes sobre o papel dos tribunais[31].

O que deve estudar o *Direito Constitucional Comparado das Integrações Regionais*? Como esse direito constitucional comparado pode contribuir para a formação de uma teoria tridimensional para tais modelos integrativos?

As respostas às indagações não são idênticas para o contexto europeu e o latino-americano[32]. Na América Latina prevalece a expressão "Direito Constitucional Transnacional", pela qual se enfatiza, sobretudo, o papel jurisprudencial de tutela dos direitos

---

[30] V. os seguintes estudos: L. Finn (ed.), Comparative Regional Integration: Theoretical Perspectives, in *The International Political Economy for New Regionalism Series*, Furnham, Ashgate, 2009; A. Malamud, Latin American Regionalism and EU Studies, in *32 J. European Integr.*, n° 6, 2010, p. 637 ss, G. L. Gardini, Has Regionalism Peaked? The Latin American Quagmire and Its Lessons, in *47 International Spectator*, n° 1, 2012, p. 116 ss; e a síntese bibliográfica de C. Lenza, *Analisi delle esperienze di cooperazione ed integrazione regionale in America latina*, UTL, La Paz, 2009.

[31] Nesse sentido, *v.* M. Carducci, O Direito Comparado das Integrações Regionais no Contexto Euroamericano, in R. F. Bacellar Filho & D. Wunder Hachem (coords.), *Direito Público no Mercosul: Intervenção estatal, direitos fundamentais e sustentabilidade (Anais do VI Congresso da Associação de Direito Público do Mercosul. Homenagem ao Professor Jorge Luis Salomoni)*, Belo Horizonte, Fórum, 2013, p. 109 ss. O problema, portanto, é distinto daquele da "justiciabilidade" em nível nacional dos atos das organizações internacionais, para o qual indica-se o clássico estudo de A. Reinisch, *International Organizations before National Courts*, Cambridge, Cambridge Univ. Press, 2000.

[32] Entre os primeiros a perceber a tridimensionalidade como fenômeno das integrações, até mesmo latino-americanas, está A. A. Cançado Trindade, Os experimentos de integração e cooperação na América Latina e o sistema interamericano, in M. Panebianco (org.), *Europa comunitaria e America latina*, cit., p. 49 ss.

humanos em nível supranacional[33]. Sob esse ponto de vista, o "elemento determinante" de comparação seria oferecido para translação das competências jurisprudenciais de interpretação dos direitos, que converteria os ordenamentos jurídicos integrados num sistema "estrangeiro" de interpretações em prevalentes sobre o sistema das fontes no interior dos respectivos Estados. Tal perspectiva, portanto, excluiria do seu próprio âmbito de aplicação o direito constitucional "geral" dos Estados e das outras organizações supranacionais: excluiria, em outras palavras, relações não exclusivamente jurisprudenciais e interpretativas[34]. Não é por acaso que esse sistema não se aplica aos processos latino-americanos em que não se fazem presentes dimensões jurisdicionais, como a Unasul ou a ALBA[35].

Na Europa, ao contrário, para responder à indagações propostas não se pode deixar de partir do art. 6° do TUE. Mesmo segundo tal dispositivo o objeto de estudo do *Direito Constitucional Comparado das Integrações Regionais* parece referir exclusivamente à "matéria" de direitos humanos. Porém, essa "matéria" é envolvida em quatro dimensões distintas, quais sejam: (1) aquela textual (na Europa: Constituições, TUE, CEDH); (2) aquela interpretativa dos

---

[33] Cfr. L. Mezzetti & C. Pizzolo (org.), *Diritto costituzionale transnacional*, Bologna, Filodiritto, 2013, para uma interessante relação entre os dois contextos; e M. Neves, Transconstitucionalismo con especial referencia a la experiencia latinoamericana, in A. Von Bogdandy, E. Ferrer Mac-Gregor & M. M. Antoniazzi (Coords.). *La justicia constitucional y su internacionalización. ¿Hacia un ius constitucionale commune en América latina?*, t. I, México DF, UNAM, p. 264 ss.

[34] Cfr. Aa. Vv., *Los derechos sociales en serio: hacia un dialogo entre derechos y políticas públicas*, Bogotá, Antropos, 2007.

[35] É importante lembrar que as matrizes das ideias de integração na América Latina são em tudo distintas das europeias, inspirando-se em teorias universalistas e não estatais do direito e em visões unitárias das identidades ordenamentais. A esse respeito, *v.* especialmente M. Panebianco, *Ius gentium e diritto internazionale in Europa e America Latina*, in *XIV Congreso Latinoamericano de derecho romano*, Buenos Aires (15, 16 y 17 de septiembre de 2004). Cfr. também a revista *Geopolitica*, n° 4, 2012, intitulada *América Latina: tentativa de unidade*.

tribunais supranacionais e nacionais (como se dessume da "Carta de Nice", invocada pelo art. 6° do TUE); (3) aquela das "tradições constitucionais comuns aos Estados-membros"; e (4) aquela das competências da União Europeia e do seu sistema de fontes. Portanto, pode-se dizer que existe nesse sistema uma composição dialógica entre (*a*) *fontes*, (*b*) *interpretações* e (*c*) *identidade*. Seu objeto, em outros termos, não somente pertence aos quatro níveis, mas também apresenta *conteúdos normativos* alcançáveis não unilateralmente, senão por meio de todas as quatro dimensões da integração regional. Tal comporta uma transfiguração do critério hierárquico[36], com a vantagem de uma comunicação circular sobre os *conteúdos* das relações interordenamentais[37], sem, contudo, esgotar-se numa harmonização interpretativa apenas de conteúdo[38]. O objeto detém, como se nota, sempre um componente formal e uma estrutura própria (para a Europa) do TUE como fonte que legitima e limita a tridimensionalidade.

Eis o motivo pelo qual é necessário falar de um *Direito Constitucional Comparado das Integrações*: não *um só* "Direito Constitucional", com suas regras, suas fontes, suas interpretações, sua dinâmica e sua hierarquia relativa a um único "núcleo lógico" (o Estado e os Estados[39]); mas ao menos *três* direitos constitucionais, porque *três* são os elementos da estrutura tridimensional da integração regional europeia *dentro dos* processos de integração supranacional. Esses *três* vínculos "constitucionais comparados" formam, assim, um mosaico de situações sobrepostas que fazem dialogar, conco-

---

[36] Sobre esse fenômeno, *v.* V. Mazzuoli, *Tratados internacionais de direitos humanos e direito interno*, São Paulo, Saraiva, 2010, p. 105 ss, e D. Messineo, *La garanzia del "contenuto essenziale" dei diritti fondamentali*, Torino, Giappichelli, 2012, p. 38 ss.

[37] A. Lazari, La nueva gramática del constitucionalismo judicial europeo, in *Rev. Der. Com. Eur.*, n° 33, 2009, p. 501 ss.

[38] Sobre essa complexidade, já chamava a atenção A. P. Sereni, Funzione e metodo del diritto comparato, in *Riv. Trim. Dir. Proc. Civ.*, 1960, p. 156 ss.

[39] Sobre o nexo heurístico e epistemológico entre comparação e "núcleo lógico", *v.* A. Marradi, Natura, forme e scopi della comparazione, in D. Fisichella (org.), *Metodo scientifico e ricerca politica*, Roma, NIC, 1985, p. 293 ss.

mitantemente, os sistemas internos com os sistemas de direito internacional.

Portanto, o *Direito Constitucional Comparado das Integrações Regionais* não pode prescindir da comparação, sobretudo dentro da estrutura tridimensional de integração. Dito em outras palavras, o direito constitucional comparado das integrações regionais deve *permear* o conjunto dos ordenamentos nacionais, bem assim das relações destes com as instituições internacionais das quais os Estados respectivos fazem parte, retirando daí a sua legitimidade. No que tange ao contexto europeu, tal significa considerar as características também estruturais de *cada ordenamento* que se integra com os demais: Estados, União Europeia e CEDH. Tal significa (veremos mais adiante) considerar, *v.g.*, o mecanismo da prejudicialidade ou subsidiariedade como ligação entre os diversos níveis, a *primauté*, a possível repartição de competências (como certifica o mesmo art. 6º do TUE), o caráter não propriamente ordenamental da supranacionalidade convencional relativa a direitos humanos, e assim por diante.

Essa tomada de consciência está obviamente bem presente na Europa, onde não por acaso são difusas as fórmulas de distinção entre um "Direito Constitucional comum"[40] e um "Direito Constitucional europeu"[41], que visam precipuamente delimitar o "campo" de exame do Direito Constitucional. O "Direito Constitucional co-

---

[40] V. em síntese, P. Logroscino, Diritto costituzionale comune, in L. Pegoraro (dir.), *Glossario di Diritto pubblico comparato*, Roma, Carocci, 2009, p. 93. A expressão "clássico" está no pensamento Peter Häberle, Derecho constitucional común europeo, in *Rev. Estudios Políticos*, nº 79, 1993, p. 13 ss. Considere-se também, F. Cocozza, *Diritto comune delle libertà in Europa: profili costituzionali della Convenzione europea dei diritti dell'uomo*, Torino, Giappichelli, 1994.

[41] V. as propostas de E. Castorina, Diritto costituzionale comune e diritto costituzionale europeo: il problema dell'identità dell'Unione, in Id. (org.), *Profili attuali e prospettive di Diritto costituzionale europeo*, Torino, Giappichelli, 2007, p. 26 ss; e Notazioni sul diritto costituzionale europeo come "nuova disciplina", in *Scritti on. Franco Modugno*, I, Napoli, Editoriale Scientifica, 2011, p. 667 ss.

mum" é parte integrante do "Direito Constitucional europeu", mas deste se distingue à medida que representa o substrato fundador produzido pelas "identidades constitucionais" dos Estados, que, em seus recíprocos caracteres comuns, têm dado vida às "tradições constitucionais comuns" referidas pelo art. 6°(3) do TUE[42]. De resto, de "identidades nacionais" já falava o Tratado de Maastricht de 1992, enquanto o art. 4°(2) do TUE "pós-Lisboa" esclarece inequivocamente:

> "2. A União respeita a igualdade dos Estados-membros perante os Tratados, bem como a respetiva identidade nacional, refletida nas estruturas políticas e constitucionais fundamentais de cada um deles, incluindo no que se refere à autonomia local e regional. (...)".

Ao contrário, o "Direito Constitucional europeu" é composto da junção dos mecanismos procedimentais e institucionais do ordenamento supranacional europeu, estando reconhecido nos dois primeiros incisos art. 6° do TUE, que se "abrem", como se viu, até mesmo à CEDH, porquanto esta, graças ao diálogo entre as duas cortes supranacionais europeias, passa a ser *parte* do "Di-

---

[42] Cfr. L. Cozzolino, Le tradizioni costituzionali comuni nella giurisprudenza della Corte di giustizia delle Comunità europee, disponível em: <http://archivio.rivistaaic.it/matériali/convegni>; M. L. Duarte, *Estudos sobre o Tratado de Lisboa*, Coimbra, Almedina, 2010, p. 117 ss. (capítulo intitulado: "O Tratado de Lisboa e o teste da 'identidade constitucional' dos Estados--membros: uma leitura prospectiva da decisão do Tribunal Constitucional alemão de 30 de junho de 2009"); e A. Ianniello Saliceti, Il significato delle tradizioni costituzionali comuni nell'Unione europea, in G. Rolla (org.), *Il sistema europeo di protezione dei diritti fondamentali e i rapporti tra le giurisdizioni*, Milano, Giuffrè, 2010, p. 136 ss. Frise-se que a fórmula "tradições constitucionais comuns", de origem jurisprudencial referida nos tratados europeus, não é sinônima de "tradições jurídicas europeias", no significado de matriz comum dos sistemas e famílias jurídicas. Sobre esse segundo tema, bastante complexo no contexto europeu, v. B. Andò, Sulla tradizione giuridica europea, fra molteplicità e unitarietà, in B. Andò & F. Vecchio (org.), *Costituzione, globalizzazione e tradizione giuridica europea*, Padova, Cedam, 2012, p. 125 ss.

reito Constitucional europeu", legitimando, assim, a existência do "Direito Europeu Comparado". Como se percebe, avulta de importância o estudo do "Direito Constitucional europeu", que é o responsável por unificar, no plano supranacional, o entendimento do "fenômeno constitucional" europeu rumo a um direito comparado da Europa[43].

Já se falou, a propósito, de uma verdadeira "Forma de Estado da União Europeia"[44], em que a homogeneidade das relações entre autoridade e liberdade opera no plano horizontal supranacional entre a UE e a CEDH (art. 6.1 e 2 do TUE) e no plano vertical relativamente aos Estados, na dupla referência às comuns "tradições constitucionais" (art. 6.3 do TUE) e relativamente às individuais "identidades constitucionais"[45] (art. 4.2 do TUE), numa dinâmica que vê como protagonistas ativos os juízes das diversas dimensões envolvidas[46], mas não só eles[47]. Destaque-se que esses dois níveis de proteção (*horizontal* e *vertical*, que também são "dialógicos") man-

---

[43] M. Dani, *Il diritto pubblico europeo nella prospettiva dei conflitti*, Padova, Cedam 2013.

[44] Cfr. a tese F. Palermo, *La forma di Stato dell'Unione europea. Per una teoria costituzionale dell'integrazione sovranazionale*, Padova, Cedam, 2005.

[45] De resto, essa dupla referência justifica as numerosas definições "constitucionais" propostas na originalidade do direito europeu: direito constitucional transnacional (E. Stein, Lawyers, Judges, and the Making of a Transnational Constitution, in *Am. J. Int.'l. L.* 1981, p. 1 ss); direito europeu inter-constitucional (A. Ruggeri, Sovranità dello Stato e sovranità sovranazionale, attraverso i diritti umani, e prospettive di un diritto europeo "inter--costituzionale", in *Dir. Pubbl. Comp. Eur.*, 2001, p. 544 ss); espaço constitucional europeu comum (P. Häberle, Gemeineuropäisches Verfassungsrecht, in *Eur. Grundrechte Zeit.*, 1991, p. 261 ss) etc.

[46] T. Giovanetti, *L'Europa dei giudici, la funzione giurisdizionale nell'integrazione comunitaria*, Giappichelli, Torino, 2009.

[47] Dado que, como se fará referência no texto, o mecanismo não operaria com eficácia se não subsistissem condições "estruturais" de inter-relação interordenamental, a partir do reenvio prejudicial para chegar à *primauté*. Sobre a relevância dessa dimensão, que não deve ser subestimada quando se fala de "constitucionalidade" da dimensão supranacional europeia, cfr. especialmente A. Cantaro & F. Losurdo, L'integrazione europea dopo il Trattato di Lisbona, in *Dal Trattato costituzionale al Trattato di Lisbona. Nuovi Studi*

têm entre si um ponto de intersecção comum, que é o *ser humano*; este é que se encontra "dentro" do mosaico protetivo multinível e que pode acionar o sistema a seu favor quando entender que um ato estatal lhe foi desfavorável (violou um direito seu etc.).

Por essa razão, um notável constitucionalista italiano, Antonio Ruggeri, propõe que se enquadre as experiências de integração tridimensional não como formas federadas de Constituições[48], mas como formas de "federalização dos direitos"[49]. Na América Latina, esse rico léxico eurístico é, infelizmente, quase desconhecido. Algumas abordagens se limitam a descrever os diversos "modelos", sem analisar as diversas mecânicas relativas justamente à tutela dos direitos humanos, assumindo como paradigmas de compreensão ora a União Europeia[50], ora o GATT[51]. Outros, no entanto, evocam origens diferentes na fronteira entre visões regionalistas-integracionistas autóctones e experimentos de "federalismo comunitário"[52].

---

sulla Costituzione europea, in *Quaderni della Rass. Dir. Pubbl. Eur.*, nº 5, Napoli, ESI, 2009, p. 58 ss.

[48] Como propõem G. Zagrebelsky & V. Marcenò, *Giustizia costituzionale*, Bologna, Il Mulino, 2012, p. 568.

[49] A. Ruggeri, *Il futuro dei diritti fondamentali: viaggio avventuroso nell'ignoto o ritorno al passato?*, disponível em: <www.federalismi.it>, nº 4, 2013, spec. § 5.

[50] Cfr. N. MacCormick, *La sovranità in discussione. Diritto, Stato e nazione nel "Commonwealth" europeo* (1999), trad. it., Bologna, Il Mulino, 2003, p. 195 ss.

[51] Este, por ter sido o instrumento de condicionamento supranacional transversal para toda a América Latina: cfr. E. Biacchi Gomes, *Manual...*, cit., p. 63-64.

[52] Sobre esse tema a literatura é extensa. Para uma síntese das matrizes culturais e socioantropológicas de tais tendências interpretativas, cfr. D. Ribeiro, *Las Américas y la civilización: proceso de formación y causas del desarrollo desigual de los pueblos americános*, México, Editorial Extemporáneos, 1977; e os estudos de L. Obregón Tarazona, Between Civilization and Barbarism: Creole Interventions in International Law, in *27 Third World Quarterly*, nº 5, 2006, p. 815 ss; Completing Civilization: Creole Consciousness and International Law in Nineteenth Century Latin America, in A. Orford (ed.), *International Law and its Others*, Cambridge, Cambridge Univ. Press, 2006; e Construyendo la región americana: Andrés Bello y el derecho internacional,

Formas de tridimensionalidade vêm sendo descritas assumindo como ponto de referência a CADH e, sobretudo, a ideia cada vez mais em voga do "controle de convencionalidade", capaz de harmonizar a ação tanto dos Estados quanto dos ordenamentos de integração regionais dos quais estes participam[53]. Seja como for, o certo é que na América Latina a questão ainda não ganhou força, pelo fato de não haver ali elementos comparáveis com os do sistema europeu. Por exemplo, não se tem no direito centro-americano ou sul-americano qualquer possibilidade (atualmente) de a organi-

---

in B. González, S. & J. Poblete (eds.), *Andrés Bello y los estudios latinoamericanos*, Série Criticas, Pittsburgh, Universidad de Pittsburgh, Instituto Internacional de Literatura Iberoamericana, 2009. A linha atual de reflexão constitucional pode ser traçada a partir dos seguintes estudos: A. R. Brewer Carias, *Los problemas constitucionales de la integración económica latinoamericana*, Caracas, Banco Central de Venezuela, 1968; E. C. Schaposnik, *Estrategias para la Integración Latinoamericana*, Bogotá, Universidad Central, 1991; R. Schembri Carrasquilla, El Neofederalismo Comunitario, in *El federalismo en Colombia*, Bogotá, Universidad Externado de Colombia, 1993, p. 249 ss; L. H. Carvajal, *Integración, pragmatismo y utopía en América Latina*, Bogotá, Universidad Externado de Colombia, Universidad de los Andes, Tercer Mundo Editores, 1993; O. Arizmendi Posada, *Las tres propuestas integracionistas de Bolívar y otros temas bolivarianos*, Bogotá, Publicaciones Univ., 1996; G. Betancur Mejía, *La Comunidad Latinoamericana de Naciones*, Medellín, Ediciones Fundación Universitaria CEIPA, 1996; C. F. Molina Del Pozo (comp.), *Integración Eurolatinoamericana*, Buenos Aires, Ediciones Ciudad Argentina, 1996. A presença das questões de identidade e de integração emerge até da finalidade de algumas específicas instituições supranacionais, como a ALADI e o Parlamento Latino. Sobre a relevância das conceituações latino-americanas para fins comparativos, *v.* M. Carducci, Le integrazioni latinoamericane nei "flussi giuridici" fra "prototesto" europeo e "metatesti" locali, in *Dir. Pubbl. Comp. Eur.*, vol. I, 2013, p. 262 ss.

[53] Essa é a tese recentemente proposta por E. Biacchi Gomes, Controle de convencionalidade nos processos de integração. Democracia e Mercosul (a construção de uma tese), in *Rev. A & C de Der. Adm. & Const.*, n° 52, 2013, p. 231 ss. Observe-se, contudo, que o Mercosul está privado de uma verdadeira "autoridade jurisdicional regional" em matéria de direitos humanos: somente em 2009 é que se instituiu o *Instituto de Políticas Públicas em Direitos Humanos – IPPDH* do Mercosul, porém, enquanto órgão "auxiliar" para a coordenação técnica e científica das políticas regionais em matéria de direitos humanos no bloco.

zação regional respectiva (a ODECA ou a Unasul) *aderir* à CADH, a exemplo do que fez a UE relativamente à CEDH. Tal dificulta, realmente, que se institua um sistema plúrimo (multinível) de proteção dos direitos humanos na América Latina, ainda que os juízes e tribunais locais (dos Estados-partes à CADH) estejam, cada vez mais, "dialogando" com as decisões da Corte Interamericana e controlando a convencionalidade das leis.

Na história latino-americana recente, apenas uma importante e original experiência (a centro-americana, como se verá) elaborou uma espécie de proteção tridimensional, ainda assim, muito limitada e incipiente: o *Direito Constitucional Centro-Americano*, que estuda um precoce processo de integração fundado numa persistente, e até dificultosa, homogeneidade de "identidades constitucionais" entre Estados, integrações regionais e convenções regionais sobre direitos humanos, permanecendo tanto no âmbito objetivo do sistema de fontes de cada nível, quanto no plano subjetivo das tutelas referentes aos cidadãos envolvidos[54].

No resto de toda a América Latina, quando se pretende verificar a inter-relação entre Estados, integrações e supranacionalidade convencional, partindo do ângulo da tutela dos direitos humanos, prevalecem heurísticas diversas, quer sob o plano "objetivo" ou "subjetivo". Sob o primeiro, basta lembrar o já referido "direito constitucional transnacional"; sob o segundo, valem as recorrentes fórmulas, tendencialmente equivalentes, da "justiça constitucional supranacional" e do "Direito Processual Constitucional Supranacional"[55]. Nestas últimas, o objeto de comparação, mais que sobre a transfiguração do critério hierárquico, sobre circulari-

---

[54] Cfr. M. Carducci & L. Castillo Amaya, Comparative Regionalism and Constitutional Imitations in the Integration Process of Central America, in *1 Eunomia*, nº 2, 2012, p. 7 ss, e L. P. Castillo Amaya, *La Identidad Constitucional de Centroamérica. Un estudio del fenómeno de imitación constitucional en las integraciones regionales*, Tese de Doutorado, Università degli Studi di Bari "Aldo Moro" (Italia), 2013.

[55] J. L. Caballero Ochoa, El derecho internacional en la integración constitucional. Elementos para una herméutica de los derechos fundamentales, in *Rev. Iberoamericana Der. Procesal Const.*, nº 26, 2006, p. 79 ss. Na Itália, o

dade comunicativa dos *conteúdos* dos direitos e sobre estrutura ordenamental dos tratados supranacionais, insiste em uma "técnica" de tutela daqueles direitos que interferem nos Estados: o *Amparo*, genericamente compreendido como tutela processual subjetiva[56]. Tanto é que se fala do *Amparo Interamericano*[57] como dado específico dessa heurística[58].

Obviamente que as razões à base dessa diferente perspectiva residem na "diversidade" da tridimensionalidade das integrações regionais latino-americanas (como se verificará à frente). Por ora, todavia, é importante constatar que a heurística do *Direito Processual Constitucional Supranacional* e do *Amparo Interamericano* apresenta, em relação àquela europeia, três nítidas particularidades:

a) prescinde da análise das condições de homogeneidade que, seja sob o plano horizontal supranacional ou sob aquele vertical relativo aos Estados, institucionalizam os "elementos determinantes"

---

tema da integração por meio da tutela judicial dos direitos é referido por L. Azzena, *L'integrazione attraverso i diritti*, Torino, Giappichelli, 1998.

[56] Sobre as matrizes históricas e semânticas desse *Amparo*, v. M. Carducci, *L'Amparo* messicano come crittotipo "spinoziano", in R. Orrú, F. Bonini & A. Ciammariconi (org.), *La giustizia costituzionale in prospettiva storica: matrici, esperienze e modelli*, Napoli, ESI, 2012, p. 287 ss.

[57] C. Ayala Corao, *Del amparo nacional al amparo interamericano como institutos para le protección de los derechos humanos*, Caracas-San José, IIDH-EJV, 1998. Sobre a polissemia da fórmula *Derecho Procesal Constitucional* no contexto latino-americano das integrações supranacionais, v. as interessantes propostas de E. A. Velandia Canosa, *Teoria constitucional del proceso. Derecho procesal constitucional*, Bogotá, Ed. Doctrina y Ley, 2009, bem como em conjunto com D. J. Beltrán Grande, La justicia transnacional y su modelo transnacional, in E. A. Velandia Canosa (dir.), *Derecho procesal constitucional*, Tomo III, vol. I, Bogotá, VC Editores, 2012, p. 103 ss.

[58] Esse perfil não é, entretanto, pacífico para o contexto europeu: cfr. B. Randazzo, Il ricorso alla Corte europea dei diritti dell'uomo come ricorso diretto, in R. Tarchi (org.), *Patrimonio costituzionale europeo e tutela dei diritti fondamentali. Il ricorso diretto di costituzionalità*, Torino, Giappichelli, 2012, p. 297 ss. Sobre o "formalismo" da assimilação do recurso da CEDH ao *Amparo*, v. D. Szymczak, *La Convention européenne des droits de l'homme et le juge constitutionnel national*, Bruxelles, Bruylant, 2006, p. 648 ss.

da estrutura tridimensional de uma integração regional e conformam o "Direito Constitucional comum" e o "Direito Constitucional supranacional" daquela integração[59];

b) enfatiza o papel de quem recorre ao *Amparo* como sujeito substitutivo da qualificação das relações interordenamentais, como se a estrutura formal dessas últimas, sempre desejada pelos Estados, fosse irrelevante para o conhecimento e a compreensão do fenômeno[60];

c) concentra-se sobre o *conteúdo normativo* dos direitos humanos na perspectiva única das relações entre Estados e o órgão jurisdicional convencional americano, a Corte IDH, como se os vários tratados de integração regional concluídos na América Latina fossem ontologicamente e logicamente estranhos ao problema[61].

---

[59] Sobre esses pressupostos de homogeneidade, *v.* A. Cardone, *La tutela multilivello dei diritti fondamentali*, Milano, Giuffrè, 2012.

[60] Para uma ideia da complexidade da perspectiva de quem recorre na Europa à tutela "multinível" dos direitos fundamentais, onde a tutela desses direitos é processualmente complicada pelos mecanismos da prejudicialidade europeia e do juízo incidental de legitimidade constitucional, considere-se os seguintes casos perante o TJUE: *Ruiz Zambrano* (8 março 2011, in *Causa C-34/09*) e *Melloni* (26 fevereiro 2012, in *Causa C-399/11*); sobre o caso *Melloni, v.* M. Iacometti, Il caso Melloni e l'interpretazione dell'art. 53 della Carta dei diritti fondamentali dell'Unione europea tra Corte di giustizia e Tribunale costituzionale spagnolo, in *Osservatorio AIC*, outubro 2013, disponível em: <www.associazionedeicostituzionalisti.it>.

[61] Essa perspectiva é comprovada pelo debate latino-americano sobre a existência de uma única "legalidade interamericana", garantida pela Corte IDH como "quarta instância" dos recursos judiciais de cada Estado-parte: cfr. M. C. Londoño Lázaro, El principio de legalidad y el control de convencionalidad de las leyes: confluencias y perspectivas en el pensamiento de la Corte Interamericana de Derechos Humanos, in *Bol. Mex. Der. Comp.*, nº 128, 2010, p. 761 ss, J. E. Herrera Pérez, Control judicial internacional de DDHH sobre la actividad jurisdiccional interna de los Estados: ¿un cuarta instancia?, in *Horizontes contemporáneos del Derecho procesal constitucional. Liber amicorum Néstor Pedro Sagüés*, Tomo I, Lima, Adrus, 2011, p. 765 ss, e L. F. Gomes & V. Mazzuoli, *Comentários à Convenção Americana sobre Direitos Humanos (Pacto de San José da Costa Rica)*, 4ª ed., São Paulo, Ed. Revista dos Tribunais, 2013.

Em suma, foi possível compreender neste Capítulo que a tridimensionalidade existente na Europa é bastante distinta daquela tanto centro-americana como sul-americana, eis que detém características não encontráveis (até o momento) em toda a América Latina. Tal não significa que não existam esforços na América Latina tendentes a implementar essa tridimensionalidade protetiva, a fim de instituir uma (verdadeira) proteção multinível dos direitos humanos no Continente Americano.

A experiência centro-americana (como se verá adiante) é particularmente importante nesse sentido, merecendo, por isso, ser devidamente estudada e bem compreendida.

Capítulo 2

Supranacionalidade "Compensatória" vs. Supranacionalidade "Substitutiva"

As três citadas particularidades que a heurística do *Direito Processual Constitucional Supranacional* e do *Amparo Interamericano* apresenta em relação àquela europeia (*v.* Capítulo 1, *supra*) não constituem, como se viu, o epifenômeno de uma "atitude cultural" dos operadores jurídicos dos dois diversos contextos[1]. Refletem, ao contrário, um efeito consequente das diversas estruturas jurídicas europeias e latino-americanas de integração e tridimensionalidade.

Já se constatou que a tridimensionalidade opera, sim, no plano da tutela dos direitos humanos, mas envolve o entrelaçamento de fontes e interpretações necessariamente sob *três* níveis, nenhum dos quais pode ser desconsiderado, quais sejam: (1) os ordenamentos constitucionais dos Estados; (2) as convenções internacionais sobre direitos humanos; e (3) os ordenamentos de integração regional com seus respectivos órgãos jurisdicionais. Tal, portanto, pressupõe que se pretenda comparar a dinâmica jurídica não só dos Es-

---

[1] Como pretendem algumas teorias "culturais" da comparação euro-americana: B. Galindo, *Teoría intercultural da Constituição*, Porto Alegre, Livraria do Advogado, 2006.

tados (e entre Estado) e a supranacionalidade, mas, sobretudo, que se devam comparar *os dois* níveis supranacionais (o convencional e o de integração) que em nada se assemelham.

Prove-se partir apenas do direito convencional da CEDH e da CADH[2]. Ambos operam como direito jurisprudencial e prescindem da morfologia tanto do direito comunitário regional quanto do direito internacional *tout court*: não produzem um verdadeiro ordenamento jurídico e também não criam simples relações internacionais pactuadas. O direito convencional funda-se no primado CEDH/CADH para os direitos estatais em "matéria" de determinados direitos. Todavia, no plano dos Estados, cada ordenamento interno, sob o pressuposto de uma soberania em nada "delegada" ou parcialmente "cedida" ao sistema convencional, mas simplesmente e negocialmente a ele "vinculada", se ajusta segundo regras próprias e distintas das dos outros. Também, o direito convencional, enquanto direito essencialmente jurisprudencial, rege-se pela lógica do precedente judicial do tribunal supranacional de direitos humanos em causa, independentemente de qual seja o Estado-parte na controvérsia[3]. Isso, porém, não é simplesmente um *Case by Case Law*. Justifica-se, contudo, em razão do conteúdo constitucional dos bens protegidos (os direitos humanos) nas decisões dos juízes, levando, assim, à generalização de seus efeitos. Por consequência, não são as normas convencionais que detêm maior relevância dentro de cada ordenamento estatal, mas a sua *interpretação uniforme* relativa à tutela de um determinado direito, em termos "compensatórios" – e certamente não "substitutivos" – do direito interno: tanto é que as interpretações podem servir até mesmo como pre-

---

[2] Como prefere o "Direito Constitucional transnacional". Cfr. N. L. Xavier Baez, R. Luiz Nery da Silva & G. Smorto (org.), *Le sfide dei diritti umani fondamentali nell'America latina ed in Europa*, Roma, Aracne, 2013. Cfr. as pontuais distinções de C. Pizzolo, *Derecho e integración regional*, Buenos Aires, Ediar, 2010.

[3] Nesse sentido, *v.* A. Ruggeri, L'"intensità" del vincolo espresso dai precedenti giurisprudenziali, con specifico riguardo al piano dei rapporti tra CEDU e diritto interno e in vista dell'affermazione della Costituzione come "sistema", in *Scritti on. Giuseppe de Vergottini* (no prelo).

cedente "externo" ao próprio sistema convencional, como demonstram as referências recíprocas entre a Corte EDH e a Corte IDH[4]. Ao mesmo tempo, o caráter subsidiário que tal tutela assume, para além dos Estados, exige que o fluxo jurisprudencial dos precedentes seja "autolimitado", no sentido de ser necessariamente medido com as especificidades de cada contexto estatal, as quais também devem ser levadas em conta em razão da falta de "delegação" ou de "cessão" de soberania: daí porque a CEDH e a CADH convergem às doutrinas autolimitantes da "margem de apreciação" (CEDH) e da "margem de prudência" (CADH): pressupostos, ambos, de um persistente "dualismo" entre Estados e convenções internacionais em matéria de direitos humanos[5].

O direito convencional, em definitivo, não incide irreversivelmente sobre o caráter da "exclusividade" de um ordenamento estatal[6]; opera na via "residual" e "compensatória" *para* os Esta-

---

[4] Cfr. T. Groppi, *Le citazioni reciproche tra la Corte europea e la Corte interamericana dei diritti dell'uomo: dall'influenza al dialogo?*, disponível em: <www.federalismi.it>, n° 19, 2013.

[5] Cfr. J. García Roca, *El margen de apreciación nacional en la interpretación del Convenio Europeo de Derechos Humanos: soberanía e integración*", Madrid, Thomson Reuters-Civitas, Madrid, 2010, A. Legg, *The Margin of Appreciation in International Human Rights Law. Deference and Proportionality*, Oxford, Oxford Univ. Press, 2012; J. García Roca, El margen de apreciación nacional en la interpretación del CEDH: integración y pluralism europeos, in L. Mezzetti & A. Morrone (org.), *Lo strumento costituzionale dell'ordine pubblico europeo. Nei sessant'anni della Convenzione per la salvaguardia dei diritti dell'uomo e delle libertà fondamentali (1950-2010)*, Torino, Giappichelli, 2011, p. 87 ss, M. Núñez Poblete, Sobre la doctrina del margen de apreciación nacional. La experiencia latinoamericana confrontada y el thelos constitucional de una técnica de adjudicación del derecho internacional de los derechos humanos, in P. A. Alvarado Acosta & M. Núñez Poblete (org.), *El Margen de apreciación en el sistema Interamericano de Derechos Humanos. Proyecciones regionales y nacionales*, México DF, UNAM, 2012, p. 32 ss.

[6] Sobre a centralidade do tema da "exclusividade" dos ordenamentos jurídicos, v. A. Schillaci, *diritti fondamentali e parametro di giudizio. Per una storia concettuale delle relazioni tra ordinamenti*, Napoli, Jovene, 2012. O princípio da "exclusividade", todavia, é um aparato conceitual da dogmática jus-publicista europeia, centralizado na necessidade lógica do ordenamento

dos, talvez até com fortes interferências, mas dentro de um quadro substancialmente *dúplice* (Estados *vs.* CEDH ou CADH). Essa é exatamente a diferença entre o direito convencional (que é "internacional") e aquele outro chamado de *universal*, de que é exemplo o Estatuto de Roma do Tribunal Penal Internacional de 1998, que estabelece a jurisdição da corte criminal internacional mesmo para Estados que *não aceitaram* a jurisdição do Tribunal (ou seja, para Estados que *não ratificaram* o Estatuto). É bem verdade que o Estatuto de Roma dependeu da "vontade" dos Estados para que entrasse em vigor; mas, depois de ter começado a vigorar, por se tratar de uma jurisdição *universal*, passou a funcionar por impulso oficial, não mais dependendo, a partir de então, de qualquer aceite Estatal – *v.g.*, aquele previsto no art. 38 do Estatuto da Corte Internacional de Justiça – para que, *v.g.*, seja emitida uma ordem de prisão a chefe de Estado por crime de genocídio, crime de guerra, crime contra a humanidade etc.[7]

Ao contrário, os ordenamentos regionais de integração supranacional não nascem e não se mantêm como meramente "residuais": eles rompem a exclusividade dos Estados, resultando de uma tendência inexoravelmente "substitutiva" e, portanto, "monista"[8]. Em

---

jurídico como Estado. Tal combinação não é de todo suprimida na América Latina, mesmo em razão das influências da segunda Escolástica espanhola. Para uma tentativa de comparação euro-americana sobre o tema da "residualidade", *v.* M. G. Monroy Cabra, El Derecho Internacional como fuente del Derecho Constitucional, in *1 ACDI*, Bogotá, nº 1, 2008, p. 107 ss.

[7] Cfr. W. Allmand, The International Criminal Court and the Human Rights Revolution, in *McGill Law Journal*, nº 46, 2000, p. 263 ss, K. Ambos, Les fondements juridiques de la Cour Penale Internationale, in *Revue trimestrielle des droits de l'homme*, nº 10, 1999, p. 739 ss, K. Annan, Advocating for an International Criminal Court, in *Fordham International Law Journal*, nº 21, 1997, p. 363 ss, M. Cherif Bassiouni, Enforcing Human Rights through International Criminal Law and through an International Criminal Tribunal, in L. Henkin & J. Lawrence Hargrove (eds.), *Human Rights: An Agenda for the Next Century*, Washington, American Society of International Law, 1994, e V. Mazzuoli, *Tribunal Penal Internacional e o direito brasileiro*, 3ª ed., São Paulo, Ed. Revista dos Tribunais, 2011.

[8] Sob tal ponto de vista, como se observa na Alemanha, não é possível sobrepor, no âmbito estatal, as perspectivas das *Europafreundlichkeit* com aquelas

outros termos, no que tange aos tratados de integração supranacionais, se está diante de normas que os Estados *já aceitam* como sendo *principais* (e não "residuais") relativamente à imposição que colocam aos integrantes da respectiva união de Estados. Sua diferença encontra-se tanto na morfologia dos tratados institutivos quanto nas fontes de legitimação da "ruptura" da exclusividade, prevalecendo ora aquelas estatais (como ocorre na América Latina, onde são comuns as cláusulas constitucionais de "abertura" que habilitam o ingresso normativo supranacional), ora aquelas supranacionais regionais (como se verifica na Europa desde a jurisprudência da *primauté* até sua ligação com o art. 6º do TUE).

Na esteira dessa inevitável lacuna entre supranacionalidade convencional "compensatória" e supranacionalidade regional "substitutiva"[9], é possível encontrar ulteriores elementos de diferenciação na comparação entre as duas experiências, quais sejam:

a) Na Europa, a tridimensionalidade entre Estados, convencionalidade da CEDH e supranacionalidade da UE, é efeito de explícitas opções normativas contidas nos tratados da UE e de irreversíveis decisões jurisprudenciais do TJUE. Ao contrário, na América Latina, é por meio das Constituições dos Estados, com suas "cláusulas de abertura", que se coloca em marcha a dinâmica interordenamental tridimensional[10], sendo a única exceção (como se verá adiante) a integração presente na América Central, fruto de

---

das *Völkerrechtsfreundlichkeit*, particularmente em razão de se afirmar não mais um *Richterrecht*, quanto de um verdadeiro *Jurisdiktionsstaat*: cfr. E.-W. Böckenförde, *Gesetz und gesetzgebende Gewalt*, Berlin, Duncker & Humblot, 1981, p. 402.

[9] A hipótese de observação dos processos transnacionais e de integrações supranacionais segundo a diferenciação entre dinâmicas "compensatórias" e "substitutivas" é devida a A. Peters, Compensatory Constitutionalism: The Function and Potential of Fundamental International Norms and Structures, in *19 Leiden J. Int.'l L.*, 2006, p. 579 ss. V. ainda P. Sands, Treaty, Custom and the Cross-fertilization of International Law, in *1 Yale Hum.Rights & Develop. L. J.*, 1998, p. 85 ss.

[10] Sobre tais cláusulas, *v.* V. Mazzuoli, *Tratados internacionais de direitos humanos e direito interno*, cit., p. 116-128.

originais e centenários eventos históricos que deixaram traços tanto no SICA quanto na CARICOM[11]. Reflexamente, subsiste uma colocação distinta das fontes que orientam a integração homogênea sobre direitos[12] e habilita o policentrismo judicial (convencional "compensatório" e regional "substitutivo") à sua tutela[13].

b) A tridimensionalidade europeia é "nominativa", no sentido de que identifica nominalmente as fontes jurídicas envolvidas e as modalidades gerais com as quais são construídas. Basta ler os artigos 6° e 4(2) do TUE, que falam sobretudo da CEDH, "Carta de Nice", "tradições constitucionais comuns", mas também de "identidades nacionais" dos Estados: uma técnica normativa inaugurada com o Tratado de Maastricht de 1992 e posteriormente refinada com o *Preâmbulo* da "Carta de Nice", em que a "nominalização" chegou a abranger até mesmo a jurisprudência dos tribunais europeus[14].

Na América Latina as esquematizações apresentam-se de maneira disforme. As técnicas normativas no plano dos tratados regionais seguem uma linguagem "generalista", com exceção (repita-

---

[11] Cfr. as contriduições de Pennetta (org.), *L'evoluzione dei sistemi giurisdizionali regionali*, cit.

[12] Sobre a relevância da individualização das "fontes" da homogeneidade nos processos de integração, *v.* F. Palermo, *La forma di Stato dell'Unione europea*, cit., p. 132 ss.

[13] Sobre a relevância das fontes de ativação do policentrismo judicial, *v.* M. D. Poli, *Bundesverfassungsgericht e Landesverfassungsgerichte: un modello "policentrico" di giustizia costituzionale*, Milano, Giuffrè, 2012, Capítulo I.

[14] Carta dos Direitos Fundamentais da União Europeia, de 9 de dezembro de 2000, *Preâmbulo*: "(...) A presente Carta reafirma, no respeito pelas atribuições e competências da União e na observância do princípio da subsidiariedade, os direitos que decorrem, nomeadamente, das tradições constitucionais e das obrigações internacionais comuns aos Estados-membros, da Convenção Europeia para a Proteção dos Direitos do Homem e das Liberdades Fundamentais, das Cartas Sociais aprovadas pela União e pelo Conselho da Europa, bem como da jurisprudência do Tribunal de Justiça da União Europeia e do Tribunal Europeu dos Direitos do Homem". Sobre o complexo campo dessas previsões, *v.* G. de Búrca, After the EU Charter of Fundamental Rights: The Court of Justice as a Human Rights Adjudicator?, in *20 Maastricht J. Eur. Comp. L.*, n° 2, 2013.

-se) dos tratados centro-americanos e, sobretudo, do Protocolo de Tegucigalpa de 1991[15], com as suas consequências *Pick and Choose* (das quais se fará referência adiante). Ademais, esse "generalismo" encontra-se também no plano dos textos constitucionais[16], nos quais nem sempre são claras as opções de cada Estado a respeito dos processos de integração regional ("substitutivo") e convencional ("compensativo") de que participam; com a diferença, porém, de que a convencionalidade "compensatória", por não pressupor cessões estruturais de soberania[17], pode ter lugar sem a devida clareza constitucional interna, fundando-se no vínculo internacional (*pacta sunt servanda*), enquanto que a integração supranacional "substitutiva" necessita de certa legitimação constitucional de "cessão"[18].

Alguns exemplos ajudam a clarificar o que se está a dizer, especialmente no que tange às possíveis supranacionalidades "substitutivas".

A Constituição de Cuba de 1976, no art. 12(3), diz que a "sua vontade de integração e colaboração com os países da América Latina e do Caribe" decorre de uma "identidade comum e necessidade histórica de avançar juntos rumo à integração econômica e política para lograr a verdadeira independência (...)".

A Constituição brasileira de 1988, no art. 4º, parágrafo único, explicita: "A República Federativa do Brasil buscará a integração econômica, política, social e cultural dos povos da América Latina, visando à formação de uma comunidade latino-americana de nações"; e no art. 5º, parágrafos 1-3, estabelece: "§ 1º As normas definidoras dos direitos e garantias fundamentais têm aplicação

---

[15] O Protocolo foi ratificado em 1993 pela Costa Rica, Guatemala, Honduras, Nicarágua, Panamá, El Salvador e, em 2000, pelo Belize.

[16] Um "generalismo" explicado como uma congênita existência de autointegração dos países latino-americanos: cfr. M. P. Larné, *La protezione dei diritti umani*, cit., p. 430 ss.

[17] No máximo, trata-se de "cessões" interpretativas, se se comungar com a citada construção latino-americana do "direito constitucional transnacional".

[18] M. Dani, *Il diritto pubblico europeo*, cit., p. 165 ss.

imediata. § 2º Os direitos e garantias expressos nesta Constituição não excluem outros decorrentes (...) dos tratados internacionais em que a República Federativa do Brasil seja parte. § 3º Os tratados e convenções internacionais sobre direitos humanos que forem aprovados, em cada Casa do Congresso Nacional, em dois turnos, por três quintos dos votos dos respectivos membros, serão equivalentes às emendas constitucionais"[19].

Analogamente, a Constituição da Colômbia de 1991 contém um artigo (n.º 227) segundo o qual: "O Estado deve promover a integração econômica, social e política com as demais nações, e, especialmente, com os países da América Latina e do Caribe, mediante a celebração de tratados com base na equidade, igualdade e reciprocidade, criar organismos supranacionais, inclusive para formar uma comunidade latino-americana de nações"; até porque, além do *Preâmbulo*, um princípio fundamental dessa Constituição reside no empenho em orientar sua política externa "rumo à integração latino-americana e do Caribe" (art. 9º).

A Constituição Argentina, após a reforma constitucional de 1994, modificou o art. 75, nº 24, dizendo: "*(Compete ao Congresso)*: Aprovar tratados de integração que deleguem competência e jurisdição a organizações supraestatais em condições de reciprocidade e igualdade, e que respeitem a ordem democrática e os direitos humanos. As normas adotadas em sua consequência têm hierarquia superior às leis"; e no art. 31 estabelece que a "Constituição, as leis da Nação (...) e os tratados com as potências estrangeiras são a lei suprema da nação". Por sua vez, no art. 43, ao admitir a ação de tutela direta dos direitos, faz referência àqueles "reconhecidos por (...) um tratado", com o acréscimo, também provindo da reforma de 1994, do art. 75, nº 22, segundo o qual a "Declaração Americana dos Direitos e Deveres do Homem; a Declaração Universal dos Direitos Humanos; a Convenção Americana sobre Direitos Humanos (...) nas condições de sua vigência, têm hierarquia constitucional,

---

[19] Sobre tais dispositivos, *v.* V. Mazzuoli, O novo § 3º do art. 5º da Constituição e sua eficácia, in *Rev. Forense*, vol. 378, 2005, p. 89 ss.

não derrogam artigo algum da primeira parte desta Constituição e devem ser entendidos como complementares dos direitos e garantias por ela reconhecidos".

Como já dito, as *exceções* constitucionais ao "generalismo" são oferecidas seja pelas Constituições ou pelos tratados dos Estados *centro-americanos*, em razão da experiência singular do *Direito Constitucional Centro-Americano* presente naquela região[20].

Nesse sentido, a Constituição de El Salvador de 1983, no art. 89, estabelece: "El Salvador sustentará e promoverá a integração humana, econômica, social e cultural com as repúblicas americanas e especialmente com as do istmo centro-americano. A integração poderá ser efetuada mediante tratados ou convênios com as repúblicas interessadas, os quais poderão contemplar a criação de organismos com funções supranacionais. Também propiciará a reconstrução total ou parcial da República Centro-Americana, de forma unitária, federal ou confederada, com plena garantia de respeito aos princípios democráticos e republicanos e dos direitos individuais, sociais e de seus habitantes. O projeto e as bases da união se submeterão a consulta popular".

A Constituição da Guatemala, tal como reformada em 1993, prevê nos arts. 149, 150 e 151, que: "A Guatelama regulará suas relações com outros Estados de conformidade com os princípios, regras e práticas internacionais, com o propósito de contribuir para a manutenção da paz e da liberdade, o respeito e defesa dos direitos humanos, o fortalecimento dos processos democráticos e instituições internacionais que garantam o benefício mútuo e equitativo entre os Estados"; "A Guatemala, como parte da comunidade centro-americana, manterá e cultivará relações de cooperação e solidariedade com os demais Estados que formarão a Federação Centro-Americana; deverá adotar as medidas adequadas para pôr em prática, de forma parcial ou total, a união política ou econômica

---

[20] Sobre as Constituições centro-americanas, cfr. E. Rozo Acuña, *Il costituzionalismo del Messico e dell'America centrale. Evoluzione politico-costituzionale e carte costituzionali*, Torino, Giappichelli, 2008, p. 132 ss.

centro-americana. As autoridades competentes estão obrigadas a fortalecer a integração econômica centro-americana com base na equidade"; "O Estado manterá relações de amizade, solidariedade e cooperação com aqueles Estados cujo desenvolvimento econômico, social e cultural seja análogo ao da Guatemala, com o propósito de encontrar soluções apropriadas aos seus problemas comuns e de formular conjuntamente políticas tendentes ao progresso das nações respectivas".

A Constituição de Honduras, de 1992, modificada em 2003, assim dispõe no art. 17: "Quando um tratado internacional afetar uma disposição constitucional, deverá ser aprovado pelo mesmo procedimento que vigora para a reforma da Constituição, antes de ser ratificado pelo Poder Executivo".

A Constituição da Nicarágua de 1987, após o *Preâmbulo* que invoca o "espírito da unidade centro-americana", esclarece no art. 9º que: "A Nicarágua defende firmemente a unidade centro-americana, apoia e promove todos os esforços para lograr a integração política e econômica e a cooperação na América Central, assim como os esforços para estabelecer e preservar a paz na região. A Nicarágua aspira a unidade dos povos da América Latina e do Caribe, inspirada nos ideais de Bolívar e Sandino. Em consequência, participará com os demais países centro-americanos e latino-americanos na criação ou eleição dos organismos necessários para tais fins. Este princípio se regulará pela legislação e pelos tratados respectivos".

Entre outros, os artigos 90(3) da Constituição de El Salvador, 24(1) da Constituição de Honduras, 17 da Constituição da Nicarágua e 14(2) da Constituição da Costa Rica também reconhecem o estatuto particular de aquisição da cidadania aos "centro-americanos".

Como se vê, a diferença apresenta-se nítida no que diz respeito ao teor de quaisquer outras formulações latino-americanas.

Em verdade, até mesmo na Europa algumas Constituições têm pontuado detalhadamente a sua relação com as dimensões de integração regional. O caso mais significativo aparece seguramente com a "abertura da Europa" (*Europafreundlichkeit*) da Constituição alemã[21], desde o seu *Preâmbulo*, no qual se lê:

> "Consciente da sua responsabilidade perante Deus e os homens, movido pela vontade de servir à paz do mundo, como membro com igualdade de direitos de uma Europa unida, o povo alemão, em virtude do seu poder constituinte, outorgou-se a presente Lei Fundamental".

Além do mais, o art. 23(1) da Constituição alemã (o chamado "artigo europeu") não designa simplesmente uma norma permissiva (diferentemente do art. 24), mas uma verdadeira "norma programática" (*Staatszielbestimmung*) que expressa um claro "dever de providência". Sobre a UE, de fato, tal disposição declara:

> "Para a realização de uma Europa unida, a República Federal da Alemanha contribuirá para o desenvolvimento da União Europeia, que está comprometida com os princípios democráticos, de Estado de direito, sociais e federativos e com o princípio da subsidiariedade e que garantem uma proteção dos direitos fundamentais, comparável em sua essência à garantia constante nesta Lei Fundamental. Para tal, a Federação pode transferir direitos de soberania por meio de lei com anuência do Conselho Federal. Para a criação da União Europeia, bem como para as alterações dos tratados constitutivos e de todas as normas correlatas, por meio dos quais esta Lei Fundamental venha a ser modificada ou complementada em seu conteúdo ou que ensejarem tais mudanças ou complementações, aplica-se o art. 79, §§ 2º e 3º".

Ao contrário, o art. 24 se limita a dizer que a "Federação pode transferir por meio de lei os direitos de soberania para organiza-

---

[21] Sobre a importância desse tipo de "cláusula constitucional", *v.* D. Knop, *Völker- und Europarechtsfreundlichkeit als Verfassungsgrundsätze*, Tübingen, Mohr Siebeck, 2013.

ções interestatais", enquanto o "nominalismo" retorna no art. 88, nestes termos:

> "A Federação criará um banco monetário e de emissão, com caráter de Banco Federal. No âmbito da União Europeia, suas tarefas e competências poderão ser delegadas ao Banco Central Europeu, que é independente e tem o objetivo primordial de garantir a estabilidade dos preços".

Nenhuma outra Constituição europeia é tão clara em distinguir a supranacionalidade "compensatória" da "substitutiva" como faz a Constituição alemã. Talvez dela se aproxime apenas a Constituição espanhola, quando declara, no art. 10(2), que "as normas relativas aos direitos fundamentais e à liberdade, reconhecidas pela Constituição, se interpretam de conformidade com a Declaração Universal dos Direitos Humanos e os tratados e acordos internacionais nessa mesma matéria, ratificados pela Espanha", orientando a função "compensatória" do direito convencional relativo a direitos humanos[22].

O mesmo não se pode dizer em relação à Itália, onde foi a jurisprudência da Corte Constitucional que "ajustou" a leitura das referências textuais da Constituição. De fato, o art. 10(1) da Constituição italiana estabelece que o "ordenamento jurídico italiano se conforma às normas do direito internacional geralmente reconhecidas", enquanto o art. 117(1) da Carta, após a reforma constitucional de 2001, pontua que o "poder legislativo é exercido pelo Estado e pelas Regiões respeitando a Constituição, bem assim os vínculos derivados do ordenamento comunitário e das obrigações internacionais". Portanto, não existe na Constituição italiana referência expressa aos tratados em "matéria" de direitos humanos. Ao mesmo tempo, é pontuada a distinção estrutural entre "vínculos derivados do ordenamento comunitário" e "obrigações internacionais", habi-

---

[22] O reconhecimento "compensatório" é evidenciado por dois elementos normativos da referida disposição espanhola: a referência aos direitos fundamentais *que a Constituição* reconhece (não a outros...); e a habilitação à "intepretação conforme aos" tratados ou acordos na matéria.

litando, assim, em nível constitucional, uma diferença dinâmica do Estado no âmbito da tridimensionalidade de sua integração com a UE e a CEDH. Portanto, a ausência de referência específica sobre a "matéria" daqueles direitos previstos em nível internacional foi levada em consideração pela jurisprudência constitucional para criar uma "segunda porta de entrada" capaz de atraí-los, por meio do art. 2º da Constituição; esta disposição, assim operando, acabaria então por "constitucionalizar" tais direitos. A diferenciação presente no art. 117(1) da Constituição italiana serviu para pontualizar a não sobreposição entre o regime jurídico das normas da UE, diretamente aplicáveis graças à primeira parte do art. 117(1), e a "cessão de soberania" legitimada pelo art. 11 da mesma Carta, e disposições da CEDH, fruto de "obrigações internacionais", mas não de "cessões de soberania"[23].

Todavia, reitere-se mais uma vez, é o art. 6º do TUE que dissipa as dúvidas para todos os Estados-partes da UE e da CEDH; e não apenas sobre a tridimensionalidade, mas, sobretudo, no que tange à diferenciação entre a supranacionalidade "compensatória" (CEDH) e a (da UE) "substitutiva" (dado que a CEDH se insere como "parte do direito da União")[24].

Também, tal dispositivo (como se dirá adiante) mantém firme a mais profunda das distinções entre os dois lados do Atlântico: a teleologia dos tratados de supranacionalidade "substitutiva", com relação ao mecanismo (obrigatório e vinculante na Europa) da prejudicialidade e, portanto, do papel preeminente dos juízes supranacionais relativamente aos Estados-membros.

---

[23] Cfr. analíticamente E. Lamarque, *Le relazioni tra gli ordinamenti nazionale, sovranazionale e internazionale nella tutela dei diritti*, relativamente ao Seminário Ítalo-Hispano-Brasileiro, Barcelona, 17-18 outubro 2013, p. 11 ss. do paper.

[24] Entre outros, o artigo contempla, como se vê, a perspectiva da própria União Europeia aderir diretamente ao sistema convencional da CEDH. Sobre o tema, v. L. De Micco, Adesione dell'Unione europea alla Convenzione europea sui diritti dell'uomo: attesa di un finale, in *Rivista AIC*, nº 3, 2012, disponível em: <www.associazionedeicostituzionalisti.it>.

Em conclusão, os elementos determinantes para que se possa comparar os processos de integração relativos aos Estados em uma perspectiva tridimensional constituem-se:

- da tipologia dos tratados, ora de conteúdo internacional convencional de tutela dos direitos humanos, ora de conteúdo substitutivo das competências e funções dos Estados em razão da sua progressiva integração;
- da tipologia das "cláusulas constitucionais" que legitimam a abertura a esses processos, ora referindo-se ao reconhecimento de uma tutela compensatória dos direitos fundamentais reconhecidos por cada Constituição doméstica, ora admitindo a cessão de parcelas de soberania a fim de permitir a integração no âmbito de uma estrutura supranacional com competências próprias.

Consequentemente, diversas serão também as relações entre as fontes e as interpretações que essa dinâmica coloca, ativando cada qual um meio de aprendizagem que se chamou de "compensatório", ou seja, aquele da tutela internacional convencional dos direitos humanos, em que argumentos de interpretações convencionais dos direitos visam *compensar* limites ou diferenças das formas domésticas de reconhecimento e tutela daqueles direitos, e de constitucionalismo "substitutivo", no qual o juiz supranacional e suas interpretações acabam se impondo a argumentos e razões dos interpretes domésticos, substituindo-os efetivamente por completo.

Capítulo 3

"Hierarquias Interligadas" e "Verticalização" em "Matéria" de Direitos Humanos

Um dos fenômenos que se tem percebido no direito pós-moderno é o fato de que este deixou de ser apenas *lógico* (formal) para se transformar em *axiológico* (busca do justo mediante a ponderação de valores), deixando também de ser somente *legalista* para interagir ("dialogar") com as *novas ondas* (fontes) contemporâneas do direito (constitucionalismo, internacionalismo e universalismo).[1] O direito pós-moderno transformou as normas jurídicas num conjunto de valores muito mais complexo, é verdade, mas nunca como agora reuniu tantas condições para ser também mais *justo* (em cada caso concreto) que os direitos moderno e pré-moderno. Do método da mera *subsunção* passou-se para o método da *ponderação* (ou seja: ponderação de todos os valores em jogo para fazer prosperar o de maior relevância em cada caso concreto),

---

[1] Sobre essas novas "ondas" do direito contemporâneo, *v.* L. F. Gomes & V. Mazzuoli, *Direito supraconstitucional: do absolutismo ao Estado Constitucional e Humanista de Direito*, 2ª ed., São Paulo, Ed. Revista dos Tribunais, 2013, p. 19 ss.

e do método da *exclusão* (de uma fonte pela outra) passou-se para o do "*diálogo*" entre essas mesmas fontes.[2]

O fenômeno tridimensional não escapou dessa complexidade na virada entre *dinâmica das fontes* (dominante no direito constitucional "geral" da supranacionalidade "substitutiva"[3]) e *dinâmica da interpretação* (central no direito constitucional "cultural" da supranacionalidade "compensatória" do direito e da jurisprudência convencionais)[4]. Essa complexidade – entre *fontes* e *interpretação* – tem reflexos especialmente em matéria de direitos humanos, na qual importa mais a efetiva *proteção* de um direito garantido que eventualmente uma discussão entre a *hierarquia* das normas em vigor[5].

Porém, a lacuna que essas duas dinâmicas podem ter, e de fato têm, na tridimensionalidade dos processos de integração, traz consigo dois riscos:

---

[2] Para detalhes, *v.* V. Mazzuoli, *Tratados internacionais de direitos humanos e direito interno*, cit., p. 80 ss.

[3] V. A. Predieri, Il diritto europeo come formante di coesione e come strumento di integrazione, in *Dir. Un. Eur.*, 1996, p. 40 ss.

[4] O enquadramento do fenômeno tridimensional entre teoria das fontes e teoria da interpretação foi amplamente discutido (e constantemente atualizado) por Antonio Ruggeri, em numerosos escritos, pontualmente recolhidos todos os anos em seus *"Itinerari" di una ricerca sul sistema delle fonti* (Torino, Giappichelli, já no vol. XVI, 2013). Para uma síntese, *v.* A. Ruggeri, *Corti costituzionali e Corti europee: il modello, le esperienze, le prospettive*, disponível em: <www.europeanrights.eu/public/commenti/Ruggeri.pdf>.

[5] Uma proposta dialógica de proteção dos direitos fundamentais, que exclui os critérios tradicionais de solução de antinomias (especialmente o hierárquico), é encontrada em: E. Jayme, Identité culturelle et intégration: le droit international privé postmoderne, in *Recueil des Cours*, vol. 251, 1995, p. 259, e V. Mazzuoli, *Tratados internacionais de direitos humanos e direito interno*, cit., p. 105 ss. Aplicando a proposta de Jayme para a solução de conflitos entre normas domésticas, *v.* especialmente C. L. Marques, Superação das antinomias pelo diálogo das fontes: o modelo de coexistência entre o Código de Defesa do Consumidor e o Código Civil de 2002, *Rev. de Direito do Consumidor*, vol. 51, 2004, p. 34-67.

a) o da produção de antinomias reais interligadas entre os três níveis jurídicos envolvidos, não resolúveis em nome da exclusividade dos cânones internos em um só dos ordenamentos ou dos sistemas interessados;

b) o do policentrismo das jurisdições chamadas a resolver tais antinomias, com possíveis efeitos de *Overlapping Jurisdiction* ou de conflitos de "jurisdições".

Na Europa, esses dois riscos vêm tendencialmente neutralizados pelo assim chamado "diálogo" entre jurisdições[6] e pela aceitação das "hierarquias interligadas" entre as fontes europeias (convencionais e de integração) e aquelas estatais[7], independentemente das "matérias" envolvidas e em função das competências atribuídas a cada nível ordenamental, com preeminência "substitutiva" do direito da UE[8]. Ao contrário, na América Latina, e espe-

---

[6] G. Martinico, *L'integrazione silente. La funzione interpretativa della corte di giustizia e il diritto costituzionale europeo,* Napoli, Jovene, 2009.

[7] Sobre o tema das "hierarquias interligadas" como chave de leitura nas relações interordenamentais, *v.* em geral M. Neves, *Transconstitucionalismo*, São Paulo, Martins Fontes, 2009, p. 235-238, que une a tese literária de D. R. Hofstadter das *"Tangled Hierarchies"* à hipótese interpretativa do direito europeu como "multilevel constitutionalism", elaborada por I. Pernice. É interessante observar que, no debate italiano, se empregam outras metáforas similares para explicar o mesmo fenômeno, como aquela da "teoria do caos" e da "entropia", por parte sobretudo de R. Bin, Gli effetti del diritto dell'Unione nell'ordinamento italiano e il principio di entropia, in *Scritti on. Franco Modugno,* I, Napoli, Jovene, 2011, p. 372-373, ou da "contaminação" (C. Aquino, *La contaminazione costituzionale dell'Unione Europea. Aspettative e ostacoli verso la meta,* Roma, Aracne, 2009); enquanto que na literatura internacional se fala de "Constitucionalismo IKEA" (G. Frankenberg, *Autorität und Integration,* Frankfurt, Suhrkamp, 2003), "Meta-Constitutionalism" (N. Walker, The Idea of Constitutional Pluralism, in *Modern L. Rev.*, 2002, p. 354 ss) e "Cross-Constitucionalismo" (AA.VV., *Revista Brasileira de Estudos Constitucionais,* 2010).

[8] Nesse sentido, *v.* o atual art. 6°(3) do TUE, em que os direitos fundamentais garantidos pela CEDH "fazem parte da União enquanto princípios gerais". Porém, *v.* também o art. 52(2) da "Carta de Nice", quando esclarece que: "Os direitos reconhecidos pela presente Carta que se regem por disposições constantes dos Tratados são exercidos de acordo com as condições e limites

cialmente na América do Sul, a possível neutralização desses riscos pode advir (o que não significa que tal neutralização efetivamente exista) somente quando o tema dos "direitos humanos" está em pauta, quando então pode haver um "diálogo" entre os tribunais internos e a Corte IDH, resolvendo-se, assim, eventual antinomia entre a legislação doméstica de um Estado e uma determinada previsão da CADH.

A abordagem europeia não renega a existência de antinomias, mas, renunciando justamente à trincheira sobre "exclusividade" de um só dos três ordenamentos (seja esse supranacional, convencional ou estatal), valoriza o policentrismo jurisdicional como lugar de compensação entre elementos "endógenos" e "exógenos" a cada um deles. Explicam-se, assim, os três incisos do art. 6º do TUE, na legitimação de todos os "elementos determinantes" da tridimensionalidade.

Considere-se, mais uma vez, a referência feita pelo TJUE às "tradições constitucionais comuns aos Estados-membros" como um dado "exógeno" relativo ao ordenamento supranacional em si considerado, mas também "endógeno" aos Estados que desse ordenamento fazem parte[9]. Do mesmo modo, a "margem de apreciação", pretendida pela Corte EDH, parece seguramente considerar elementos "endógenos" a cada Estado especificamente integrante do juízo supranacional[10]. Também, a circunstância de ser este

---

por eles definidos. 3. Na medida em que a presente Carta contenha direitos correspondentes aos direitos garantidos pela Convenção Europeia para a Proteção dos Direitos do Homem e das Liberdades Fundamentais, o sentido e o âmbito desses direitos são iguais aos conferidos por essa Convenção. Esta disposição não obsta a que o direito da União confira uma proteção mais ampla".

[9] Cfr. L. Cozzolino, Le tradizioni costituzionali comuni nella giurisprudenza della Corte di giustizia delle Comunità europee, disponível em: <http://archivio.rivistaaic.it/matériali/convegni>.

[10] Embora o recurso à "margem de apreciação" tenha respondido às diversas exigências e argumentos na jurisprudência da CEDH: ora justificando-se pela ausência de "concessões uniformes" ou de um "terreno comum" de confronto entre os Estados; ora fundamentando-se na presença, no plano

"circuito" realizado pelo próprio TUE (não por uma ou algumas Constituições ou pela CEDH) garante a ativação de modo uniforme dentro de todos os Estados da UE. Em outras palavras, mesmo os direitos humanos deveriam ser concretizados e aplicados nas formas "interligadas" do art. 6º do TUE, *dentro* de toda a UE e, portanto, *dentro* dos Estados[11].

No contexto latino-americano, como se falou, não se presencia o mesmo fenômeno. Não há sequer, no contexto latino-americano, uma "tradição constitucional comum entre os Estados-membros", ao contrário do que já ventilado pelo TJUE, não obstante já se verificar um desenvolvimento embrionário do tema na América Latina.

Em primeiro lugar, não existe convergência ou singularidade de direitos regionais supranacionais de integração entre os Estados (consequência também da lógica *Pick and Choose* da qual se falará adiante), porquanto resulta impraticável a uniformidade de concretização dos direitos *em nome* de um determinado processo regional de integração.

---

[11] do Estado envolvido, de uma "maioria política e ideológica" que engloba e interpreta a identidade constitucional de um país ou suas "tradições nacionais"; ora referindo-se à "racionalidade" das escolhas legislativas nacionais.
O que, na Europa, faz nascer também problemas de "impacto" sobre os sistemas nacionais de controle de legitimidade, já que poderia favorecer a aplicação direta da "Carta de Nice", enquanto também direito da UE, levando, assim, à não aplicação da lei interna sem passar pela anulação por parte da Corte Constitucional. Sobre esse problema, na Itália, cfr. G. Bronzini, Il plusvalore giuridico della Carta di Nizza, in R. Crosio & R. Foglia (org.), *Il diritto europeo nel dialogo delle Corti*, Milano, Giuffrè, 2013, p. 153 ss, e T. Guarnier, I giudici italiani e l'applicazione diretta della Carta di Nizza dopo il Trattato di Lisbona, in L. Cappuccio & E. Lamarque (org.), *Dove va il sistema italiano accentrato di controllo di costituzionalità?*, Napoli, Editoriali Scientifica, 2013, p. 149 ss. No que tange à Alemanha, cfr. M. Pacini, Lussemburgo e Karlsruhe a duello sull'applicabilità della Carta UE, in *Osservatorio AIC*, setembro 2013, disponível em: <www.associazionedeicostituzionalisti.it>. Cfr. também L. Trucco, *Carta dei diritti fondamentali e costituzionalizzazione dell'Unione Europea*, Torino, Giappichelli, 2013.

Em segundo lugar, do lado europeu do Atlântico se assiste mais à "verticalização" das garantias envolvidas que ao reconhecimento de uma determinada "exclusividade" (aquela da CADH) relativa à determinada "matéria": a dos direitos humanos. Para tal "matéria", de fato, opera (como se verá) o mecanismo do "controle de convencionalidade" imposto pela Corte IDH a todas as autoridades, jurisdicionais e não jurisdicionais dos Estados[12].

Como premissas similares, a distinção entre "endógeno" e "exógeno" tende a se dissolver, até em razão das "cláusulas de abertura" das Constituições dos Estados latino-americanos e da predominância da perspectiva interpretativa e processual ("cultural") da Corte IDH em relação àquela ordenamental ("geral") das diversas fontes dos Estados e das outras integrações regionais[13].

A maioria dos países latino-americanos segue o sistema da recepção automática da CADH, incorporando-a como "norma interna de fonte internacional", por meio justamente das chamadas "cláusulas de abertura" aos tratados de direitos humanos[14]: o mesmo tratamento, porém, não vem reservado à integração regional e ao seu sistema de fontes. No Brasil, o Supremo Tribunal Federal, no julgamento do Recurso Extraordinário nº 466.343/SP, atribuiu aos tratados de direitos humanos nível (no mínimo) *supralegal*, podendo ter "nível constitucional" se aprovados por 3/5 dos votos dos membros de cada Casa do Congresso Nacional, em dois turnos (art. 5º, § 3º, da Constituição de 1988).[15] Desse modo, o sistema

---

[12] Cfr. V. Mazzuoli, *O controle jurisdicional da convencionalidade das leis*, 3ª ed., São Paulo, Ed. Revista dos Tribunais, 2013.
[13] Perspectiva que, na Itália, é reconhecida pelo art. 117(1) da Constituição.
[14] Sobre tais cláusulas, *v.* V. Mazzuoli, *Tratados internacionais de direitos humanos e direito interno*, cit., p. 116-128. Cfr. também H. Fix-Zamudio, Protección jurídico constitucional de los derechos humanos de fuente internacional en los ordenamientos de Latinoamerica, in J. Pérez Royo, J. Martínez Urías & M. Carrasco Durán (coords.), *Derecho constitucional para el Siglo XXI. Acta del VIII Congreso Iberoamericano de Derehco Constitucional*, Tomo I, Pamplona, Thomson Aranzadi, 2006, p. 1.727 ss.
[15] Cfr. V. Mazzuoli, O novo § 3º do art. 5º da Constituição e sua eficácia, cit., 89 ss.

convencional é declinado como "interno", legitimando, assim, os efeitos substanciais das interpretações da Corte IDH sobre as fontes exclusivamente internas[16]. Essa "norma interna de fonte internacional" apresenta, reflexamente, as características a seguir:

1) A primeira é substancial, porque a CADH torna-se um tipo de "Constituição" *dentro* das Constituições estatais[17], aplicável por meio do sistema processual do *Amparo Interamericano*. Junto ao efeito condenatório, como "coisa julgada", a decisão da Corte IDH relativamente a um Estado define, *dentro* da sua Constituição, critérios gerais de validade, como "coisa interpretada" dos direitos fundamentais inscritos na Constituição, integrando-a em seu conteúdo. É, portanto, o *Amparo Interamericano* que "fragmenta" a soberania estatal em "matéria" de tutela dos direitos humanos, por meio dos que pretendem recorrer ao sistema interamericano, contando com um instrumento *a mais* que os previstos nos textos constitucionais internos.

2) A sentença da Corte IDH assume, portanto, "força normativa" constitucional interna, não pela sua própria vontade, mas por combinação de uma fonte internacional (especificamente o art. 68 da CADH[18]) com as "cláusulas de abertura" de cada uma das Constituições nacionais, elegendo o juiz interamericano como "intérprete constitucional" e de "validade"[19] da aplicação da CAHD para os direitos humanos *dentro* dos Estados. No Brasil, essa "cláusula

---

[16] E. Jiménez de Aréchaga, La Convención Americana de los Derechos Humanos como derecho interno, in *Boletín da Sociedade Brasileira de Direito Internacional*, vols. 69/72, 1987/89, p. 35 ss.

[17] A. Brewer Carías, La aplicación de los tratados internacionales sobre derechos humanos en el orden interno. Estudio de Derecho constitucional comparado latinoamericano, in *Rev. Iberoamericana Der. Pocesal Const.*, nº 26, 2006, p. 29 ss.

[18] Art. 68(1): "Os Estados-partes na Convenção comprometem-se a cumprir a decisão da Corte em todo caso em que forem partes".

[19] Assim, E. Ferrer Mac-Gregor, La Corte Interamericana de Derechos Humanos como intérprete constitucional (dimensión transnacional del Derecho procesal constitucional), in D. Valadés & R. Gutiérrez Rivas (coords.), *Memoria del IV Congreso Nacional de Derecho constitucional*, Tomo III, México DF, IIJ-UNAM, 2001, p. 209 ss.

de abertura" vem prevista no art. 5°, § 2°, segundo o qual os direitos e garantias expressos na Constituição "*não excluem outros* decorrentes (...) *dos tratados internacionais* [de direitos humanos] em que a República Federativa do Brasil seja parte".

Na verdade, até mesmo para a Corte EDH é possível falar em "coisa interpretada" integrativa dos conteúdos dos direitos dos ordenamentos estatais, em razão do art. 32 da CEDH e das duas funções (reconhecidas pela Corte) de *interpretar* e *aplicar* a Convenção Europeia[20]. Como explica Franz Matscher, o raciocínio é o seguinte: nos termos do art. 1° da CEDH os Estados são obrigados a respeitar os direitos nela protegidos a todas as pessoas sujeitas à sua jurisdição. Por sua vez, segundo os arts. 19 e 32, § 1°, a interpretação da Convenção pertence à Corte, de sorte que os direitos protegidos pela Convenção devem ser entendidos nos termos do que dispôs a sentença ao interpretar a Convenção. Trata-se de um princípio que corresponde àquele existente no Direito Internacional Privado: à medida que a regra de conflito reenvia a um direito estrangeiro, este último é que deve ser levado em conta ou interpretado pela jurisdição do país em causa. Tal resulta – segundo Matscher – que os Estados-partes na CEDH devem, em virtude do art. 1°, adaptar sua legislação, sua jurisprudência e suas práticas administrativas de acordo com as disposições da Convenção interpretadas pela sentença da Corte (mesmo que tais Estados não tenham sido *partes* da sentença). Assim, o que se propõe é que os Estados-partes na CEDH (mesmo não partes na sentença da Corte) têm o dever de observar a evolução da jurisprudência do tribunal e já adaptar suas legislações internas às consagrações dessa jurisprudência, a fim de evitar futuras condenações em Estrasburgo. Seria esse o "efeito profilático" da Convenção e do trabalho da Corte, não menos importante que o efeito "repressivo" proveniente das sentenças nas quais são declaradas as violações de direitos humanos[21].

---

[20] CEDH, Grande Chambre, *Affaire Taxquet Vs. Belgique* (Requête n° 926/05), sentença de 16.11.2010, § 33.
[21] F. Matscher. Quarante ans d'activités de la Cour Européenne des Droits de l'Homme, in *Rec. des Cours*, vol. 270, 1997, p. 268-269.

Todavia, não se pode deixar de reconhecer que a eficácia de "coisa interpretada" da CEDH é referida pela própria Corte Europeia na sua jurisprudência, não pretendendo vincular (por enquanto) os juízes nacionais[22], sequer impondo-se como fonte de "validade" do sistema constitucional interno: a sua força normativa continua "endógena" e não "exógena". Essa, também, deve lidar com princípios constitucionais indisponíveis como aquele do "juiz subordinado somente à lei", presente, v.g., no art. 101(2) da Constituição italiana, que, de fato, habilita o equilíbrio entre direitos "interpretados" ao nível da CEDH e previsões legais conforme as Constituições nacionais[23].

Além do mais, na América Latina, a força normativa "endógena" e "verticalizada" do direito convencional "interpretado" pela Corte IDH aparece agora referido em termos prescritivos pelas Constituições latino-americanas mais recentes, provindas na esteira do assim chamado "novo constitucionalismo" andino[24]. Veja-se,

---

[22] Mesmo se, com o Protocolo 14 à CEDH, foi introduzido o procedimento de adoção do assim chamado *pilot judgment* (disciplinado no art. 61 do Regulamento da Corte, em vigor desde 1º de abril de 2011), que está produzindo uma significativa transformação do mecanismo de tutela europeia em termos de "fiscalização objetiva" sobre os ordenamentos nacionais: cfr., em perspectiva geral e atualizada, B. Randazzo, *Giustizia costituzionale sovranazionale. La Corte europea dei diritti dell'uomo*, Milano, Giuffrè, 2012, p. 126 ss, e M. Fyrnys, Expanding Competences by Judicial Lawmaking: The Pilot Judgment Procedure of the European Court of Human Rights, in *German L. J.*, 2011, p. 1.231 ss. Para uma primeira aplicação como "parâmetro" por parte da Corte Constitucional italiana, *v.* a Sentença 210/2013.

[23] Por exemplo, na Alemanha já se esclareceu que a Constituição deve ser interpretada evitando conflitos com a CEDH, mas que tal não habilita qualquer "ruptura" constitucional. Cfr. L. Violini, L'indipendenza del giudice e il rispetto del diritto internazionale secondo una recente decisione del BVerfG: bilanciamento o prevalenza dei principi costituzionali nazionali?, in *Dir. Pubbl. Comp. Eur.*, 2005, p. 1.014 ss.

[24] Cfr. A. C. Wolkmer & M. Petters Melo (orgs.), *Constitucionalismo Latino--Americano. Tendências Contemporâneas*, Curitiba, Juruá, 2013, e A. Medici, *La Constitución horizontal. Teoría constitucional y giro decolonial*, San Luis Potosí, Fac. Derecho Univ. Aut. San Luis Potosí-Centro Est Jurídicos y Soc. Mispat, 2012. Para uma visão geral do constitucionalismo latino-americano

por todas, a Constituição do Equador de 2008, em que a fórmula "instrumentos internacionais", mais que a fórmula "obrigações" ou simplesmente "tratados", aparece de forma explícita e inequívoca. Os "princípios de aplicação dos direitos" dos arts. 10 e 11 da Constituição equatoriana definem de forma detalhada esse mecanismo: o art. 10 estabelece que as pessoas, a comunidade, o povo, a nacionalidade e a coletividade são titulares e gozam de direitos garantidos pela Constituição e pelos "instrumentos internacionais"; enquanto o art. 11, inciso 3, especifica que os direitos e garantias da Constituição e dos *instrumentos internacionais de direitos humanos* serão aplicados "de forma direta e imediata", acrescentando, no inciso 5, que em matéria de direitos e garantias constitucionais se aplicarão as normas ou a interpretação que melhor favoreça a sua vigência efetiva; no inciso 7 constitucionaliza-se a "cláusula de não exclusão", por meio da qual os *instrumentos internacionais* de proteção de direitos não podem excluir outros direitos humanos tutelados pela Constituição. Todas essas disposições dão a entender que as relações das antinomias têm lugar sempre no plano interno no que tange à "matéria constitucional" dos direitos fundamentais, independentemente da subsistência ou não dos processos de integração regional. De "integração latino-americana" se fala separadamente no Capítulo 3º, do Título VIII, da Constituição do Equador: o art. 423 descreve as modalidades e finalidades dos processos de integração latino-americanos, explicitando seus objetivos e estratégias, traduzidos, porém, em termos de coordenação de políticas públicas, harmonização de legislações, criação de uma cidadania latino-americana, consolidação de organizações regionais, e ressalvando sempre a "prevalência" vertical em favor dos direitos humanos. Por consequência, a "ordem hierárquica de aplicação das normas", como recita o art. 425, relaciona Constituição, tratados e convenções internacionais, enquanto ligados ao "tema" dos direitos humanos, em cujas relações a "verticalização" é novamente referida, agora pelo art. 426, como diretamente praticável até mesmo

---

atual, *v.* E. Rozo Acuña, *Il costituzionalismo in vigore nei paesi dell'America latina*, Torino, Giappichelli, 2012.

perante lacunas ou omissões legislativas do Estado, independentemente da dinâmica dos processos de integração regional.

Não obstante toda essa discussão na América Latina dizer respeito ao que dispõem as Constituições estatais sobre o tema, o certo é que a Corte IDH se considera, com fundamento na CADH, a "intérprete última" da Convenção Americana, entendendo que suas sentenças (relativas a um determinado Estado) têm efeito transcendente para outros Estados interamericanos, quando em jogo uma questão (jurídica) idêntica à anteriormente interpretada pela Corte em dado caso concreto. Não há dúvidas, porém, que os Estados interamericanos relutam em aplicar *imediatamente* as decisões da Corte IDH nas respectivas ordens internas. No Brasil, *v.g.*, o Supremo Tribunal Federal não aceita pacificamente os mandamentos da Corte IDH na ordem jurídica interna, em especial quando a decisão da Corte IDH diz respeito a casos que o STF decidiu de modo contrário (*v.g.*, o tema das "leis de anistia"). De fato, no caso "*Gomes Lund e outros Vs. Brasil*" a Corte IDH *anulou* (invalidou, por entender *inconvencional*) a Lei de Anistia brasileira,[25] gerando no seio do STF manifestações totalmente contrárias ao comando da Corte de San José[26].

Portanto, mais uma vez se evidencia o caráter diferencial entre o panorama latino-americano e o europeu. A "tridimensionalidade" latino-americana define os efeitos na órbita interna dos Estados, relativamente a cada Constituição estatal e ao papel do juiz nacional. A tridimensionalidade europeia, por sua vez, abrange o plano supranacional e internacional, para além do simplesmente estatal. De fato, a "Carta de Nice", no seu art. 53, formalizou claramente esse nexo específico, nos seguintes termos:

---

[25] *V.* Caso Gomes Lund e outros ("Guerrilha do Araguaia") *Vs.* Brasil, Exceções Preliminares, Mérito, Reparações e Custas, sentença de 24 de novembro de 2010, Série C, nº 219.

[26] Para um estudo detalhado do assunto, *v.* L. F. Gomes & V. Mazzuoli (org.), *Crimes da ditadura militar: uma análise à luz da jurisprudência da Corte Interamericana de Direitos Humanos*, São Paulo, Ed. Revista dos Tribuanais, 2011.

"Nenhuma disposição da presente Carta deve ser interpretada no sentido de restringir ou lesar os direitos do homem e as liberdades fundamentais reconhecidos, nos respectivos âmbitos de aplicação, pelo direito da União, o direito internacional e as Convenções internacionais em que são Partes a União, a Comunidade ou todos os Estados-membros, nomeadamente a Convenção Europeia para a Proteção dos Direitos do Homem e das Liberdades Fundamentais, bem como pelas Constituições dos Estados-membros".

O que se acabou de ler vem agora reforçado pela possibilidade, prevista no art. 47 do TUE, de a União Europeia, enquanto dotada de personalidade jurídica, ser parte contratante direta de convenções internacionais incidentes sobre as "hierarquias interligadas", inclusive a própria CEDH. Além disso, a tridimensionalidade europeia envolve prioritariamente os juízes supranacionais, sejam do TJUE (Corte de Luxemburgo) ou da Corte EDH (Corte de Estrasburgo)[27].

Todavia, o envolvimento desses dois juízes supranacionais não é paritário: e isso não pela vontade das Constituições nacionais, como seria se houvesse disposições parecidas com os arts. 425 e 426 da Constituição do Equador, mas por determinação de um dos dois atores, a Corte de Luxemburgo. Pode-se colher esse entendimento das observações formuladas pelo Advogado-Geral Poiares Maduro, nas suas conclusões de 16 de janeiro de 2008, perante o TJUE, sobre a solução do famoso caso "*Kadi*"[28]. No parágrafo 37 de suas conclusões, Maduro afirmou o seguinte:

"Não há dúvida de que é correto afirmar que, ao garantir a observância dos direitos fundamentais na Comunidade, o Tribu-

---

[27] No plano da Amérida do Sul, para que essa "tridimensionalidade" começe a se tornar efetiva, será necessário criar um (ainda inexistente) Tribunal de Justiça para a Unasul, tendo como paradigmas o TJUE e a CCJ. Para uma proposta de criação do Tribunal de Justiça da Unasul, *v.* V. Mazzuoli, Por um Tribunal de Justiça para a Unasul..., cit., p. 199-206.

[28] Sentença de 3 de setembro de 2008, in *Causa C-402/05*.

nal de Justiça se inspira na jurisprudência da Corte Europeia de Direitos Humanos. No entanto, continuam a existir diferenças significativas entre ambos os tribunais. A função da Corte Europeia de Direitos Humanos é garantir o cumprimento dos compromissos assumidos pelos Estados contratantes nos termos da Convenção Europeia de Direitos Humanos. Embora a finalidade da Convenção seja a proteção e o desenvolvimento dos direitos humanos e das liberdades fundamentais individuais, foi celebrada com o objetivo de operar em primeira linha como um acordo entre Estados que cria obrigações entre as partes contratantes a nível internacional. Isto é ilustrado pelo mecanismo de execução intergovernamental previsto na Convenção. O Tratado CE, ao invés, fundou um ordenamento jurídico autônomo, no âmbito do qual tanto os Estados como os indivíduos têm direitos e obrigações imediatos. O Tribunal de Justiça tem o dever de atuar como o tribunal constitucional do ordenamento jurídico interno, que é a Comunidade. Consequentemente, a Corte Europeia de Direitos Humanos e o Tribunal de Justiça são diferentes no que diz respeito à sua competência *ratione personae* e à relação entre os seus sistemas jurídicos e o direito internacional público. Assim, o Conselho, a Comissão e o Reino Unido procuraram estabelecer um paralelismo precisamente onde a analogia entre os dois tribunais acaba".

Destaque-se que essa conclusão europeia[29] permite voltar a atenção para outra diferença com a América Latina. A tridimensionalidade latino-americana, como formalizada nas Constituições dos Estados latino-americanos, parece prescindir da definição das relações do Estado com as dimensões externas qualificáveis em termos de "ordenamento jurídico". Em outras palavras, as "cláusulas de abertura" latino-americanas não preveem cessões específicas de soberania de natureza "estrutural", ou seja, em favor das organizações internacionais. Enfatiza-se mais um reconhecimento de comum pertença (América Latina e Caribe) e ao mesmo tempo constitu-

---

[29] Sobre a problemática desse tema na Europa, *v.* O, Pollicino, *Allargamento dell'Europa*, cit., p. 2 ss e Cap. IV.

cionalizam-se vínculos convencionais em razão de sua "matéria" (tutela dos direitos humanos), declinando, assim, da relação supranacional como alargamento do próprio parâmetro constitucional, e não como seu "redimensionamento" a favor de estruturas externas. Portanto, não há nesse sistema uma abertura ao direito internacional geral, senão apenas uma abertura das Constituições (quando essa abertura existe) aos tratados internacionais de direitos humanos, especificamente. Nessa perspectiva, de resto, opera o chamado "bloco de constitucionalidade" como meio de contenção dessas relações[30]. É nessa esteira que encontra explicação a leitura "processualística" da soberania latino-americana, o que pode ser marcado pelas seguintes passagens conceituais[31]:

a) a "matéria" dos direitos humanos pertence a um "bloco de constitucionalidade" composto pelas Constituições dos Estados e por tratados internacionais;

b) esse "bloco" é hierarquicamente superior a qualquer outra fonte interna de qualquer ordenamento estatal;

c) não existem ordenamentos supranacionais com fontes hierarquicamente prevalentes ou "interligadas" com as fontes estatais *fora* do "bloco de constitucionalidade";

d) em consequência, quaisquer autoridades estatais devem respeitar esse "bloco de constitucionalidade";

e) o garante desse "bloco" é o juiz constitucional, por meio de instrumentos processuais previstos no ordenamento interno, inclusive o já referido *Amparo*;

---

[30] Nesse sentido, *v.* especificamente E. A. Velandia Canosa & D. J. Beltrán Grande, La justicia constitucional y su modelo transnacional, in E. A. Velandia Canosa (dir.), *Derecho procesal constitucional*, Tomo III, vol. I., cit., p. 104 ss.

[31] Quanto menos para os países que formalizam ou reconhecem esse "bloco de constitucionalidade": Argentina, Bolívia, Chile, Colômbia, Costa Rica, Equador, México, Peru, Paraguai, República Dominicana e Venezuela. Menção especial merece ser feita à Costa Rica, por sua pioneira elaboração jurisprudencial do argumento, com as decisões 1147/1990, 3435/1992, 2313/1995 de seu Tribunal Constitucional.

f) a CADH integra o "bloco de constitucionalidade", porque sobre a "matéria" relativa a direitos humanos fala explicitamente o seu *Preâmbulo*;

g) por consequência, a função da Corte IDH não pode ser senão de *justiça constitucional*, compensatória, integrativa e orientadora, por meio da interpretação daquela parte do "bloco" constituída especificamente pela CADH no âmbito interno de cada Estado;

h) com o acesso à Corte IDH como última instância, após o exaurimento dos recursos jurisdicionais internos do Estado, realiza-se, de fato, um *Amparo Interamericano*, destinado a verificar aquele "bloco de constitucionalidade" em sua completude interna e externa;

i) o "bloco de constitucionalidade", portanto, transforma-se inevitavelmente em "transnacional", constitutivo de uma *comunidade regional de princípios*[32];

j) o contraste com o "bloco de constitucionalidade transnacional" não produz, portanto, antinomias reais, senão apenas aparentes.

Eis o motivo pelo qual, no contexto latino-americano, o "controle de convencionalidade" opera junto com o "controle de constitucionalidade", integrando-o ou, até mesmo, substituindo-o, no momento em que fornece interpretações sobre os direitos humanos não alcançáveis unicamente no plano constitucional interno. Em outras palavras, o juiz latino-americano (doravante) tem a obrigação de controlar tanto a constitucionalidade *como a convencionalidade* das normas de direito interno, tendo como paradigmas os tratados internacionais de direitos humanos ratificados e em vigor no Estado. E como o controle de constitucionalidade pode ser "difuso", o mesmo pode-se aplicar para o controle de "convencionalidade"[33], sem as diferenciações experimentadas na Europa e, em particular,

---

[32] Assim, F. Bosch, La autoridad interpretativa de la Corte Interamericana: en transinción hacia una comunidad regional de principios, in R. Gargarella (coord.), *La Constitución en 2020*, cit., p. 356 ss.

[33] Cfr. V. Mazzuoli, *O controle jurisdicional da convencionalidade das leis*, 3ª ed., São Paulo, Ed. Revista dos Tribunais, 2013, e E. Ferrer Mac-Gregor (coord.), *El control difuso de convencionalidad*, Santiago de Querétaro, Fundap, 2012.

na Itália[34]. Também, servindo o controle de constitucionalidade de instrumento de "política constitucional" de verificação de conformidade de ação dos poderes rumo ao "bloco de constitucionalidade", assim também o "controle de convencionalidade" pode promover "política constitucional", inspecionando (como se verá nos casos adiante citados) não somente as interpretações e aplicações judiciais, mas inclusive escolhas legislativas ou administrativas, pretendendo que os efeitos das próprias sentenças sejam vinculantes tanto a título de "coisa julgada" (*inter partes*) como a título de "coisa interpretada" (*erga omnes*) interna no plano dos Estados-partes à Corte IDH e, portanto, ao "bloco de constitucionalidade transnacional".

Todavia, esse discurso tem valor apenas para Corte IDH, não por força das integrações regionais interordenamentais às quais os Estados latino-americanos também participam. O esclarecimento não é insignificante e as consequências que produz podem revelar-se extremamente importantes[35].

O que aconteceria se outros órgãos supranacionais se ocupassem também da "matéria" relativa a direitos humanos? Integrariam tais órgãos o "bloco de constitucionalidade transnacional" em virtude do vínculo convencional dos tratados que o preveem e aos quais aderem os Estados latino-americanos? E se, ao contrário, contrastarem com o "bloco" pertencente à Corte IDH? As respostas a tais questionamentos são obtidas de ambos os lados.

De um lado, como afirmado pela doutrina[36], a "matéria" dos direitos humanos como "bloco de constitucionalidade transnacional" pode legitimar a prevalência hierárquica absoluta e a direta

---

[34] E. Lamarque, *Le relazioni tra gli ordinamenti nazionale, sovranazionale e internazionale nella tutela dei diritti*, cit., p. 11 ss.

[35] V., nessa perspectiva, a iniciativa do *Cumbre Judicial Iberoamericano*, que, dentre as primeiras iniciativas (desde 2001) promoveu uma declaração de intenções comuns sobre *Poder judicial y Tribunales Supranacionales*, disponível em: <www.cumbrejudicial.org>.

[36] P. Gutiérrez Colantuono, *La Administración Pública, juridicidad y derechos humanos*, Buenos Aires, Abeledo Perrot, 2009.

aplicabilidade de decisões internacionais até de natureza não judicial. Sob esse ponto de vista, a tridimensionalidade iria além do âmbito funcional do policentrismo jurisdicional[37]: não é por acaso que se fala[38] em "funções quase jurisdicionais" também com a qualidade de "fontes de produção" dos direitos fundamentais[39].

Por outro lado, a centralidade da "matéria" relativa a direitos humanos permitiria discutir, em nível estatal, as antinomias e os conflitos com organismos supranacionais, os quais, mesmo privados de caráter propriamente jurisdicional, também operam em âmbitos que interferem nessa "matéria", talvez em nome de um regionalismo "aberto" sobre mais planos de concretização dos direitos (em particular, dos direitos sociais)[40]. Essas "outras" integrações regionais não poderiam também agir *contra* o "bloco de constitucionalidade transnacional" construído pelas cláusulas constitucionais, senão à medida que trouxesse à discussão o próprio caráter transnacional daquele "bloco". Esse tipo de contraposição foi recen-

---

[37] Tal abordagem é seguida relativamente às "recomendações" da Comissão Interamericana de Direitos Humanos: cfr. E. Ferrer Mac-Gregor & F. Silva García, El control de convencionalidad de la jurisprudencia constitucional, in *Parlamento y Constitución*, 2010, p. 54 e nota 26.

[38] Cfr. H. Faúndez Ledesma, *Administración de justicia y derecho internacional de los derechos humanos*, Caracas, Publicidad Gráfica León, 1992, p. 20, que justifica o assunto com base no argumento de que os direitos humanos visam limitar os poderes estatais de qualquer natureza, em nome de sua proteção e sob qualquer forma prevista.

[39] A tese da "fonte de produção" é referida por N. P. Sagüés, El valor de los pronunciamentos de la Comisión Interamericana de Derechos Humanos, in *Jurisprudencia Argentina*, 16033 (suplemento de 16.04.1997), e por O. A. Gozaíni, Los efectos de las sentencias de la Corte Interamericana de Derechos Humanos en el derecho interno, in *Liber Amicorum Héctor Fix-Zamudio*, Tomo II, San José Costa Rica, Secretaría Corte IDH 1998, p. 828 ss. Cfr. Também, O. A. Gozaíni, *El proceso transnacional*, Buenos Aires, Ediar, 1992.

[40] Nesse sentido, *v.* A. Serbin, L. Martínez & H. Ramanzini Júnior (coords.), El regionalismo "post-liberal" en América Latina y el Gran Caribe: nuevos actores, nuevos temas, nuevos desafíos, in *Anuario Iberoam. de la Integración Regional de América Latina y el Gran Caribe*, 2012.

temente verificado na Venezuela[41], mas poderia também ocorrer nos processos supranacionais com fortes ambições de integração das políticas públicas relativas a direitos humanos. É esse, nos parece, o caso da Unasul. Seu ato constitutivo foi assinado em 2008 estabelecendo as bases para uma ampla visão de integração política e cooperação econômica dentro da região sul-americana; apesar de o tratado constitutivo não prever a criação de órgãos supranacionais, sequer instituições judiciais de solução de controvérsias,[42] abre espaço, entretanto, para as discussões relativas a direitos humanos e democracia, que visam traduzir-se em instrumentos jurídicos internos em cada Estado[43], numa ótica de "diálogo regional" político e não apenas "jurisdicional"[44].

Como se constata facilmente, esse cenário é bem distinto daquele europeu, no qual já existe bem estruturado um sistema protetivo (dos direitos dos cidadãos e também dos Estados) fundado em instâncias judiciais diversas (juízes nacionais, TJUE e Corte EDH). Ou seja, há na Europa um *Constitutional Pluralism* funcional à integração regional da União Europeia, mas sem subordinação à

---

[41] Na Venezuela, desde 2001, a *Sala Plena* (que compreende também a *Sala Constitucional*) do Tribunal Supremo de Justiça, no *Acuerdo* de 25 de julho de 2001, havia especificado que "as decisões deste Tribunal Supremo, nas suas diferentes Salas, não podem ser submetidas à revisão de qualquer instância internacional, constituindo exercício pleno da soberania...", enquanto que, em setembro de 2011, um comunicado oficial da *Controladoria-Geral da República* rejeitou explicitamente as sentenças da Corte Interamericana por "contrariedade aos direitos humanos do povo venezuelano".

[42] Cfr. Z. D. de Clément, El sistema de solución de controversias de Unasur y su coherencia con el modelo de integración de ese processo, in *Anuario del CIJS*, vol. XI, 2008, p. 377 ss. V. também as críticas de V. Mazzuoli, Por um Tribunal de Justiça para a Unasul..., cit., p. 199-206, entendendo premente a criação de um órgão *judicial* de solução de controvérsias no bloco.

[43] Cfr. E. Narvaja de Arnoux (*et all.*), *Unasur y sus discursos*, Buenos Aires, Biblos, 2012.

[44] Cfr. G. Sanchini, *Sguardo a Sud Ovest. Il Sudamerica dell'Unasur tra integrazione e prospettive geopolitiche*, Reggio Emilia, Aliberti, 2010.

CEDH[45]. De fato, a "matéria" relativa a direitos humanos da CEDH, ainda que resultante "das tradições constitucionais comuns aos Estados-membros", opera como "parte da União enquanto princípios gerais" e não modifica as competências desta última. Na Europa, em "matéria" de direitos, realiza-se um "entrelaçamento" de parâmetros de referências e de hierarquias, sem quaisquer "blocos" pré-constituídos[46].

Na América Latina, por sua vez, ocorre justamente o contrário, eis que prevalece a CADH sobre outras integrações regionais, enquanto parte do "bloco de constitucionalidade transnacional" habilitado pelos Estados-partes. Naquele contexto, a "matéria" relativa a direitos humanos verticaliza o parâmetro *dentro* dos Estados e *entre* os Estados.

Na Europa, a "compatibilidade" entre Estados, UE e CEDH, em "matéria" de direitos humanos, se exprime como "proximidade suficiente" entre conteúdo de regras e princípios de ordenamentos diversos[47]. Já na América Latina, a "matéria" está necessariamente endereçada à única solução unitária do "bloco de constitucionalidade transnacional" entre Estados e a CADH[48].

Em suma, é possível dizer que a característica final da tridimensionalidade dos processos de integração é a *circularidade* (e não a verticalização) das interpretações e dos argumentos em matéria de direitos humanos. Tal circularidade foi bem explicitada,

---

[45] M. Goldoni, Constitutional Pluralism and the Question of the European Common Good, in *18 Eur. L.J.*, nº 3, p. 385 ss.
[46] Para um quadro conjunto do papel dos juízes nacionais em relação à CEDH, v. R. Conti, *La Convenzione europea dei diritti dell'uomo. Il ruolo del giudice*, Roma, Aracne, 2011.
[47] Induzindo à lógica de "aproximação" definitivamente *flou* de M. Delmas-Marty, *Les forces imaginantes du droit. Le relatif et l'universel*, Paris, Seuil, 2004.
[48] Sobre a ideia de que tal limite oscila entre previsões "explícitas" e "implícitas" das Constituições latino-americanas, v. J. Tupayachi Sotomayor, La interpretación constitucional en el reconocimiento de nuevos derechos fundamentales, in E. A. Velandia Canosa (dir.), *Derecho procesal constitucional*, Tomo III, vol. II, cit., p. 77 ss.

v.g., pela Corte Constitucional italiana na Sentença 317/2009, no ponto em que, após dizer que o respeito às obrigações internacionais não pode jamais ser causa de diminuição da proteção já prevista pelo ordenamento interno, sustentou que a relação entre o ordenamento estatal, a integração europeia e o sistema da CEDH pode desenvolver-se apenas por meio da "combinação virtuosa" entre as obrigações internacionais, os vínculos comunitários e as interpretações constitucionais domésticas: "combinação virtuosa", portanto, em vez de "verticalização" a favor de um só juiz ou de uma só interpretação.

Capítulo 4

Controle de Convencionalidade como *Kompetenz-Kompetenz* ou como "calcanhar de Aquiles" das Integrações Latino-Americanas?

Como se viu no Capítulo anterior, o "monopólio" por parte da Corte IDH parece sufragado *também* pelas previsões constitucionais de cada Estado-parte, se se considerarem as Constituições da Argentina (art. 31 e 75, nº 22), da Bolívia (arts. 13 e 410), do Brasil (art. 5º, §§ 1-3), da Colômbia (arts. 93 e 94), do Equador (arts. 84, 417 e 424), do Paraguai (arts. 137 e 142), do Peru (4ª disposição final e transitória) e da Venezuela (arts. 23 e 31).

Todavia, é também verdadeiro que a legitimação interna ao "monopólio" da CADH/Corte IDH foi interpretada diversamente pelos juízes constitucionais às quais aquelas disposições foram submetidas. O Tribunal Constitucional da Colômbia, *v.g.*, na Sentença C-355/2006[1], interpretou a Constituição colombiana "à luz" dos tratados internacionais sobre direitos humanos, e, na Sentença C-200/2002[2], aceitou a "natureza vinculante" da jurisprudência da

---

[1] Sentença de 10 de maio de 2006, in *Causa C-355*.
[2] Sentença de 19 de março de 2002, in *Causa C-200*.

Corte IDH relativamente a todos os juízes nacionais. A Suprema Corte de Justiça da Argentina, por sua vez, partiu da assunção da jurisprudência interamericana como "guia" das interpretações nacionais (caso "*Giroldi Horacio David e outros vs. Argentina*"[3]) para chegar, até mesmo, a censurar uma sentença interna não conforme à jurisprudência da Corte IDH (caso "*Bulacio vs. Argentina*"[4]). No Brasil, por outro lado, essa interpretação das normas internas "à luz" da jurisprudência da Corte IDH não tem sido realizada na maioria dos julgamentos nacionais pelas diversas instâncias judiciárias brasileiras, senão apenas por parte delas, e mesmo assim de forma ainda bastante tímida[5].

Não parece pacífico, portanto, se o "monopólio" da Corte IDH está a interagir com os sistemas estatais em termos meramente persuasivos (como *tertium comparationis* de inspiração interpretativa) ou efetivamente vinculantes (como verdadeira fonte de "direito constitucional transnacional"). A levar em conta a experiência brasileira, pode-se dizer que a Corte IDH não tem exercido quer influência persuasiva quer vinculante na ordem jurídica interna, como deveria ser, eis que o STF tem relutado em decidir as questões postas *sub judice* "à luz" das decisões tomadas pela Corte IDH.

O art. 68(1) da CADH estabelece que "os Estados Partes na Convenção comprometem-se a cumprir a decisão da Corte em todo caso em que forem partes", mas não faz referência à sua jurisprudência, geralmente entendida como elemento integrante das disposições constitucionais internas. Por tal motivo é que alguns

---

[3] Sentença de 7 de abril de 1995.
[4] Sentença de 18 de setembro de 2003, Série C, nº 100.
[5] Cfr. *STF*, Recurso Extraordinário nº 466.343, Rel. Min. Cezar Peluso, Tribunal Pleno, in *DJe* 03.12.2008. O Brasil, portanto, ainda reluta em aplicar (com definitividade) a jurisprudencia internacional interamericana. Para detalhes, *v.* V. Mazzuoli, *Tratados internacionais de direitos humanos e direito interno*, São Paulo, Saraiva, 2010. Sobre a aplicação do direito internacional geral pelo STF, *v.* V. Mazzuoli, O Supremo Tribunal Federal e os conflitos entre tratados internacionais e leis internas, in *Rev. de Informação Legislativa*, vol. 154, 2002, p. 15-29.

autores contestam a ideia de que na CADH residem as bases de uma obrigação de direito internacional de "*Deference*" ruma à jurisprudência dos órgãos do sistema interamericano[6].

Se assim é, do que decorreria, então, a pretensão da Corte IDH de erigir-se como "guardiã última" dos direitos humanos da região[7]? A resposta teoricamente mais significativa sobre o tema reside na doutrina jurisprudencial do "controle de convencionalidade". Os direitos humanos constituiriam um *corpus juris* transnacional e interamericano que se conformariam não tanto por razões formais, quanto pela própria supremacia constitucional dos direitos humanos. Enquanto "matéria", dessa doutrina derivaria a *Kompetenz-Kompetenz* inevitavelmente "interamericana" na sua interpretação, mesmo quando as Constituições não a clarificam. Esse *corpus juris* interamericano serviria de referência (paradigma) ao controle da convencionalidade das normas domésticas para *todos* os juízes e tribunais internos, os quais restariam obrigados (em razão da jurisprudência constante da Corte IDH) a aplicar – com base nos tratados de direitos humanos dos quais o seu Estado é parte – sempre a norma "mais favorável" aos sujeitos de direito protegidos. Em substância, em face dos direitos humanos como *corpus juris* interamericano, todos os Estados agiriam como "órgãos" do direito que estão a proteger[8]; um direito não mais, ou não somente, constitucional estatal, senão também *convencional supraestatal*.

O "controle de convencionalidade" não seria outra coisa que o mecanismo de operação dessa reestruturação das relações inter-

---

[6] E. Malarino, Acerca de la pretendida obligatoriedad de la jurisprudencia de los órganos interamericanos de protección de Derechos Humanos para los Tribunales Nacionales, in K. Ambos, E. Malarino & G. Elsner (org.), *Sistema Interamericano de Protección de los Derechos Humanos y Derecho Penal Internacional*, Tomo II, Göttingen, Konrad Adenauer Stifung, 2011, p. 427-428.

[7] Assim o Tribunal Constitucional peruano, na Sentença de 19 de junho de 2009.

[8] Sobre a complexidade da tese do Estado como "órgão" do direito internacional, *v.* o estudo de Leo Gross, States as Organ of International Law and the Problem of Autointerpretation, in Id., *Essays on International Law and Organization*, I, Ardsley-on-Hudson (NY), Transnational Publisher, 1984, p. 382 ss.

nacionais com relação à "matéria" dos direitos humanos. De fato, não se utiliza a expressão "controle de convencionalidade" quando se pretende referir a aplicação de um tratado internacional *comum* pelo Poder Judiciário interno de determinado Estado. Tal se dá pelo fato de terem os tratados de direitos humanos, normalmente, um *status* diferenciado (hierarquicamente superior) nas ordens jurídicas domésticas dos Estados latino-americanos. No Brasil, *v.g.*, segundo o STF, tais tratados têm *status* "supralegal" (valem, no mínimo, mais que as normas infraconstitucionais), podendo, também, equivaler a uma norma constitucional, caso sejam aprovados por maioria qualificada (e em dois turnos) no Congresso Nacional (Constituição brasileira, art. 5º, § 3º).[9] Assim, o controle "de convencionalidade" estaria *mais próximo* do controle "de constitucionalidade", sendo esse o motivo pelo qual a sua utilização (e a sua nomenclatura) estaria mais afeta ao tema dos "direitos humanos", eis que essa "matéria" pertence ao conhecido *núcleo material mínimo* ou *bloco de constitucionalidade* contemporâneo.

Iniciada em 2005, com o parágrafo 27 da *Opinião Concorrente* do Juiz Sergio García Ramírez, no caso "*Myrna Mack Chang vs. Guatemala*"[10], a doutrina do "controle de convencionalidade" tornou-se oficializada pela Corte IDH no ano seguinte, com dois outros casos: "*Almonacid Arellano e outros vs. Chile*"[11], de 26 de setembro de 2006, com os §§ 124 e 125, em que se explicou que o fundamento do instrumento do "controle de convencionalidade" residiria no princípio de boa-fé internacional relativo a direitos humanos, e no art. 27 da Convenção de Viena sobre o Direito dos Tratados de 1969[12]; e

---

[9] Cfr. V. Mazzuoli, O novo § 3º do art. 5º da Constituição e sua eficácia, cit., p. 89 ss.

[10] Sentença de 25 de novembro de 2003, Série C, nº 101. Nesse caso, definiu-se "controle de convencionalidade" como reflexo de uma "responsabilidade global" do Estado frente à Convenção, que não poderia depender das subdivisões internas dos poderes do Estado e impedir o efetivo exercício da jurisdição da Corte IDH.

[11] Sentença de 26 de setembro de 2006, Série C, nº 154.

[12] Sobre o art. 27 da Convenção de Viena de 1969, *v.* V. Mazzuoli, *Direito dos tratados*, 2ª ed., Rio de Janeiro, Forense, 2014, p. 219-227.

"*Trabalhadores Demitidos do Congresso (Aguardo Alfaro y otros) vs. Peru*", de 24 de novembro de 2006[13], sendo ainda retomado em "*La Cantuta vs. Peru*", de 29 de novembro de 2006 (§ 173), "*Boycé e outros vs. Barbados*", de 20 de novembro de 2007 (§ 78), e "*Fermín Ramírez e Raxcacó Reyes vs. Guatemala*", de 9 de maio de 2008.

O § 63 de o caso "*Aguardo Alfaro*" e o § 128 do caso "*Fermín Ramírez y Raxcacó Reyes*" definem detalhadamente os contornos do "controle de convencionalidade", fixando-os sobre três elementos: (1) "efeito útil" das sentenças da Corte IDH sobre as disposições internas contrastantes; (2) paralelismo e analogia entre "controle de convencionalidade" e controle de constitucionalidade; e (3) exercício *ex officio* – ou seja, que prescinde de *petitum* e do *versus* da ação proposta – do conflito entre interpretações da Corte IDH e direito interno.

Desde o momento em que a Corte IDH assumiu o "controle de convencionalidade" como supranacionalidade "substitutiva" do direito interno, passou a valer, em suas relações, o "efeito útil" das decisões jurisprudenciais supranacionais e o "primado" do direito internacional dos direitos humanos da região, tal como interpretado pela própria Corte[14]. Aquilo que na Europa é o "efeito útil" e a *primauté* de um sistema supranacional ordenamental estruturado sobre fontes "substitutivas" do direito interno, como esclarecido pelo TJUE nos famosos casos "*Costa*"[15] e "*Simmenthal*"[16], na

---

[13] Sentença de 24 de novembro de 2006, Série C, nº 158.
[14] No citado caso "*Aguardo Alfaro*", fala-se textualmente de "efeito útil da Convenção" que "não pode ser reduzido ou eliminado pela aplicação de leis contrárias às suas disposições, ao seu objeto e aos seus fins", porquanto os poderes judiciais devem exercitar não somente o "controle de constitucionalidade, mas também o controle 'de convencionalidade' *ex officio* entre as normas internas e a Convenção".
[15] Caso "*Costa vs. Enel*", Sentença de 15 de julho de 1964, in *Causa 6/64*: "Diferentemente dos tratados internacionais comuns, o Tratado CEE instituiu um verdadeiro ordenamento jurídico, integrado ao ordenamento jurídico dos Estados-membros no ato da entrada em vigor do Tratado e que os juízes são obrigados a observar".
[16] Caso "*Amm. Finanze vs. Simmenthal Spa*", Sentença de 9 de março de 1978, in *Causa 106/77*: "A aplicabilidade direta do direito comunitário significa

América Latina valeria apenas para os direitos humanos e para a sua interpretação segundo a Corte IDH, não obstante a verificada ausência de um sistema de estruturas e de fontes supranacionais "substitutivas" daquelas internas dos Estados.

O juiz nacional deverá, também, proceder *ex officio* à análise da "conformidade entre as normas nacionais e a Convenção Americana"; e a *primauté* do direito convencional interpretado pela Corte IDH deverá prevalecer sobre o direito interno como sobre qualquer outro direito supranacional, quando *mais benéfico* à pessoa protegida (em homenagem ao princípio *pro homine*)[17]. Por consequência, o "efeito útil" interamericano não se traduz simplesmente na "desaplicação" judicial num caso concreto, mas destina-se a surtir efeitos "de sistema" e *erga omnes* substancialmente equiparáveis à ab-rogação/anulação de uma disposição nacional declarada inconstitucional pelo Poder Judiciário do Estado[18].

---

que as suas normas devem explicar plenamente os seus efeitos, de maneira uniforme em todos os Estados-membros, a partir da sua entrada em vigor e para todo o tempo de sua validade. Por força do princípio da preeminência do direito comunitário, as disposições do Tratado e os atos das instituições, no caso em que sejam diretamente aplicáveis, têm o efeito, em suas relações com o direito interno dos Estados-membros, não só de tornar *ipso jure* inaplicável, pelo fato mesmo da sua entrada em vigor, quaisquer disposições contrastantes da legislação nacional preexistente, mas também (...) de impedir a válida formação de novos atos legislativos nacionais, na medida em que estes sejam incompatíveis com as normas comunitárias (...). O juiz nacional, encarregado de aplicar, no âmbito da própria competência, as disposições do direito comunitário, tem a obrigação de garantir a plena eficácia de tais normas, desaplicando, se necessário, e por iniciativa própria, qualquer disposição contrastante da legislação nacional, sem precisar pedir ou esperar a prévia remoção pela via legislativa ou mediante qualquer outro procedimento constitucional".

[17] Tal como declarado no citado caso "*Almonacid Arellano y otros vs. Chile*". Para detalhes, *v.* H. Nogueira Alcalá, Los desafíos de la sentencia de la Corte Interamericana en el caso Almonacid Arellano, in *12 Ius et Praxis*, nº 2, 2006, p. 297 ss.

[18] Assim se refere explicitamente a nota nº 103 do considerando 44 do caso "*Barrios Altos vs. Perù*", de 3 de setembro de 2001.

Não foi por acaso que no caso "*Cabrera Garcia e Montiel Flores vs. México*", de 26 de novembro de 2010, a Corte IDH pontificou, no parágrafo 225 da sentença, que "os juízes e órgãos vinculados à administração da justiça" estão obrigados a aplicar o "controle de convencionalidade", dizendo, mais tarde, no controverso caso "*Gelman vs. Uruguay*", de 2011 (do qual se falará em breve), que *todos* os órgãos do Estado devem empenhar-se em efetuar o "controle de convencionalidade", verificando previamente que a própria discricionariedade não esteja em contraste com o direito convencional interpretado pela Corte IDH[19]. Houve, assim, por parte da Corte IDH, uma nítida *ampliação* da obrigação de controlar a convencionalidade relativamente aos órgãos internos do Estado, que passou do Poder Judiciário (desde 2005 até o caso "*Cabrera Garcia y Montiel Flores vs. México*") para *todos* os órgãos do Estado além, dos juízes (caso "*Gelman vs. Uruguay*").

Em suma, o parâmetro de convencionalidade acaba por prevalecer sobre o de constitucionalidade no sistema interamericano de direitos humanos, orientando as reservas de leis dos Estados: uma *Kompetenz-Kompetenz* infungível. De resto, *v.g.*, no caso "*Radilla Pacheco vs. México*", de 23 de novembro de 2009, a Corte IDH entendeu que *todo* o direito nacional, aí compreendido o direito constitucional, deve ser interpretado de maneira "conforme o" paradigma da "convencionalidade" (§§ 338-340), e que, por consequência, também os juízes constitucionais devem decidir "em conformidade" com as normas internacionais de direitos humanos em vigor no Estado, enquanto também "órgãos" do sistema interamericano, como todos os outros[20]. Esse posicionamento da Corte IDH decorre ainda do art. 1º(1) da CADH, segundo o qual "os Estados-partes nesta Convenção *comprometem-se a res-*

---

[19] Cfr. os dois livros de M. Carbonell, *Teorías de los derechos humanos y del control de convencionalidad*, México, 2013; e *Introducción general al control de convencionalidad*, México DF, Porrúa, 2013.

[20] Sobre o "controle difuso" de convencionalidade, *v.* a tese pioneira de V. Mazzuoli, *O controle jurisdicional da convencionalidade das leis*, 3ª ed., São Paulo, Ed. Revista dos Tribunais, 2013.

peitar os direitos e liberdades nela reconhecidos e a garantir seu livre e pleno exercício a toda pessoa que esteja sujeita à sua jurisdição, sem discriminação alguma, por motivo de raça, cor, sexo, idioma, religião, opiniões políticas ou de qualquer outra natureza, origem nacional ou social, posição econômica, nascimento ou qualquer outra condição social".[21] Nesse sentido, a Corte IDH tem entendido que também as normas constitucionais dos Estados-partes devem respeitar os comandos da Convenção Americana, conformando-se ao controle de convencionalidade exercido pela Corte IDH em última análise.

O percurso "substitutivo" parece, assim, realizar-se plenamente nesse contexto. A "conformidade" interamericana, de fato, apresenta-se não tanto como "preferência" hermenêutica frente às interpretações supranacionais possíveis e "equivalentes" em relação às prerrogativas interpretativas dos juízes nacionais[22], quanto como "meta-critério" necessário[23] que dita a hierarquia à qual se ater e "fixa o ponto" sobre a "matéria" de direitos humanos, independentemente da existência de outros processos supranacionais[24]. Assim, o papel da jurisprudência regional das várias integrações vem, *a*

---

[21] Para um comentário dessa regra, *v.* L. F. Gomes & V. Mazzuoli, *Comentários à Convenção Americana sobre Direitos Humanos (Pacto de San José da Costa Rica)*, p. 25-32.

[22] Sobre o "princípio da equivalência" como pré-condição da "preferência" na "interpretação conforme", *v.* C. Pinelli, Interpretazione conforme (rispettivamente a Costituzione e al diritto comunitario) e principio di equivalenza, in *Giur. Cost.*, 2008, p. 1.368 ss.

[23] Sobre a "interpretação conforme" como "metacritério", *v.* G. Laneve, L'interpretazione conforme a Costituzione: problemi e prospettive di un sistema diffuso di applicazione costituzionale all'interno di un sindacato (che resta) accentrato, in B. Caravita di Toritto (org.), *La giustizia costituzionale in trasformazione: la Corte costituzionale tra giudice dei diritti e giudice dei conflitti*, Napoli, Jovene, 2012, p. 3 ss.

[24] Distintamente, uma vez mais, do que se verifica na Europa: cfr. A. Ruggeri, Interpretazione conforme e tutela dei diritti fondamentali, tra internazionalizzazione (ed "europeizzazione") della Costituzione e costituzionalizzazione del diritto internazionale e del diritto comunitario, in Id., *"Itinerari"*, vol. XIV, 2011, cit., p. 291 ss.

priori, ignorado nessa sistemática, com a consequente limitação do "diálogo" pluralístico no regionalismo latino-americano.

Há um *Amparo Interamericano* que se abre à "transconstitucionalidade" e há um *direito convencional interamericano* que interpreta e dita as regras daquela "transconstitucionalidade" nos Estados-partes à Corte IDH[25]. Alternativas de método ou de mecânica não têm sido delineadas, a menos que se abandone a perspectiva da "matéria" relativa a direitos humanos e, portanto, do "bloco de constitucionalidade transnacional" também pretendido pelos Estados[26].

A esse respeito, por ocasião da publicação do *Informe da Corte Interamericana* perante a Assembleia-Geral da OEA, reunida no Panamá em 5 de junho de 2007, o então Presidente da Corte, Sergio García Ramírez, textualmente declarou:

> "A Corte Interamericana não constitui uma terceira ou quarta instância de revisão das sentenças nacionais. A sua missão consiste na promoção da harmonização da ordem interamericana de direitos humanos por meio da interpretação das disposições contidas nos instrumentos internacionais que os Estados adotaram. (…) A verdadeira transcendência dos pronunciamentos da Corte radica-se na influência que eles exercem nas decisões internas, legislativas, judiciais ou administrativas. (…) A recepção interna constitui a novidade mais relevante do atual caminho (…)".

"Harmonização", "influência", "recepção": são os vocábulos de um direito supranacional "substitutivo" a um direito interno estatal cada vez mais – segundo o entendimento da jurisprudência inter-

---

[25] J. Ovalle Favela, La influencia de la jurisprudencia de la Corte interamericana de derechos humanos en el derecho interno de los Estados latinoamericanos, in *Bol. Mex. Der. Comp.*, nº 134, 2012, p. 595 ss.

[26] Cfr., no mérito, a leitura proposta em C. R. Fernández Liesa (dir.), *Tribunales internacionales y espacio iberoamericano*, Madrid, Civitas-Thomson Reuters, 2009.

nacional – inapto para lidar com temas relativos a direitos humanos.

É possível, porém, manter esse mecanismo faltante um dispositivo constitucional de "cessão" de soberania? No presente momento em que a doutrina jurisprudencial do "controle de convencionalidade" tornou-se incisiva e invasiva, começa-se a discutir essa interrogação, de certa maneira relegada à sombra, na medida em que as supranacionalidades ordenamentais de integração regional da América Latina não haviam jamais dado provas de ameaçar as competências domésticas dos Estados. Afinal de contas, o percurso argumentativo da obrigatoriedade do "controle de convencionalidade" denuncia uma mera tautologia: a jurisprudência da Corte IDH é vinculante porque assim declara a *própria Corte*. Esse paradoxo da autorreferência marcou até mesmo a jurisprudência do TJUE, com relação aos "princípios gerais do direito europeu"[27]. Tratou-se, porém, de uma autorreferência apenas aparente, na medida em que o protagonismo do TJUE funda-se num mecanismo formal, inexistente (como se verá) no contexto latino-americano: a "prejudicialidade supranacional" obrigatória e vinculante. Efetivamente, esse "exame de prejudicialidade" existente no contexto europeu não tem lugar (qualquer lugar, até o momento) no plano interamericano, o que diferencia um sistema do outro nesse caso[28]. Além do mais, esse protagonismo foi rapidamente medido com as pontualizações da jurisprudência dos tribunais constitucionais nacionais, abrindo, assim, as portas à prática da *Cross Fertilization*.

A Corte IDH se autoproclama a "interprete última" do sistema convencional interamericano, à medida que as suas sentenças, nos

---

[27] V. J. Neuenschwander Magalhaes, O uso criativo dos paradoxos do direito. A aplicação dos princípios gerais do direito pela Corte de Justiça Europeia, in Aa. Vv., *Paradoxos da auto-observação*, Curitiba, Juruá, 1997, p. 245 ss.

[28] Não é por acaso que Jinesta Lobo pretende a introdução de uma "questão prejudicial de convencionalidade" para os juízes constitucionais nacionais, com vistas a consagrar também formalmente o "primado" estrutural do direito convencional interamericano (cfr. Control de convencionalidad ejercido por los Tribunales y Salas constituconales, in E. A. Velandia Canosa [dir.], *Derecho procesal constitucional*, Tomo III, vol. III, p. 218 ss).

termos do art. 67 da CADH, são definitivas e insuscetíveis de reforma. Essa "última palavra" em matéria de interpretação da Convenção, ainda segundo a Corte, também abrange a obrigatoriedade da sua jurisprudência, para além de servir como "encerramento do caso". Já no plano da Corte EDH, tal como definido nas sentenças "*Costa*" e "*Simmenthal*", esse argumento fica excluído, ou seja, "última palavra" e "*Kompetenz-Kompetenz*" passam a ser perfis totalmente distintos.

Seja como for, o certo é que a Corte IDH tem cada vez mais pretendido (o que não tem sido bem recebido por vários Estados interamericanos, entre eles o Brasil) que a sua jurisprudência tenha valor *erga omnes* para todos os Estados interamericanos, visando à formação de um *corpus juris* de proteção interamericano, composto tanto pelas obrigações previstas nos *tratados* de direitos humanos (em especial, a Convenção Americana) quanto pela *jurisprudência* da própria Corte IDH. Nesse sentido é que aparece certa crítica a esse sistema, no sentido de estar aí o "calcanhar de Aquiles" da doutrina do "controle de convencionalidade"[29]. Segundo esse entendimento, tal seria um paradoxo que, em nome dos direitos humanos e do *Amparo Interamericano*, pretenderia se impor a todos os Estados e entre os cidadãos dos Estados, privilegiando exclusivamente a posição e os interesses processuais do recorrente, sem contraditório e sem o "devido processo" com os outros sujeitos (Estados) forçados a "sofrer" a pretensa força normativa da "coisa interpretada" daquele juízo; um paradoxo que aspira à supranacionalidade "substitutiva" sem se conformar com outras dinâmicas de integração supranacional[30]; um paradoxo evitável apenas repristinando o diálogo – e não a ditadura – entre autoridades nacionais e estruturas supranacionais, sem se "impor unilateralmente" à exclusão de outras modalidades[31].

---

[29] N. P. Sagüés, Dificultades operativas del control de convencionalidad en el sistema interamericano, in *La Ley*, 2010, p. 117 ss.
[30] E. Biacchi Gomes, *Blocos econômicos. Solução de controvérsias*, Curitiba, Juruá, 2010, observa como as atividades interpretativas dos juízes supranacionais "regionais" são menos incidentes da "coisa interpretada" da Corte IDH.
[31] N. P. Sagüés, Obligaciones internacionales y control de convencionalidad, in *Estudios Constitucionales*, nº 1, 2010, p. 117 ss.

Se essa tese estiver correta[32], o "controle de convencionalidade", à medida que não leva em consideração os contextos de integração regional existentes na América Latina, e pelo fato de não "dialogar" com as jurisprudências domésticas ou de outros juízos supranacionais, impediria aquela "combinação virtuosa" entre obrigações internacionais, funções supranacionais e interpretações constitucionais dos direitos humanos, à base da tridimensionalidade: aquela "combinação" que, na Europa, não só a Corte de Estrasburgo e a Corte de Luxemburgo reciprocamente reconhecem, até mesmo pelo fundamento formal previsto nos artigos 53 da CEDH e 6º do TUE, mas que também os juízes nacionais aceitam, graças, agora, à referência explícita às "identidades constitucionais" contida no art. 4(2) do TUE; o que poderia sugerir que na tridimensionalidade não existe um juiz com a "última palavra" sobre questões comuns aos três níveis de interconexão (estatal, convencional e supranacional de integração), senão um "concurso" de vários juízes no "reconhecimento" dos direitos a serem tutelados no plano interno da dinâmica tridimensional; um "reconhecimento" respeitoso dos equilíbrios institucionais entre os vários níveis e sem pretensão de prevalência de um juiz relativamente a outro.

Esse "concurso" entre juízes representa uma evolução substancial na maneira de aplicar o direito na pós-modernidade, eis que

---

[32] A qual, porém, não é pacífica. Por exemplo, *v.* G. Aguilar Cavallo, El control de convencionalidad en la era del constitucionalismo de los derechos. Comentario a la sentencia de la Corte Suprema de Chile en el caso denominado Episodio Rudy Cárcamo Ruiz de fecha 24 mayo de 2012, in *10 Estudios Constitucionales*, nº 2, 2012, p. 717 ss, que sustenta que o "controle de convencionalidade" nasce de uma exigência de "cooperação" entre os níveis de tutela (nacional e internacional) dos direitos humanos, e que, portanto, sua formulação está voltada a "harmonizar" a integração entre os dois níveis para todos os Estados que reconhecem a jurisdição da Corte IDH. Outros autores enquadram o "controle de convencionalidade" como "fonte" de produção de um *corpus juris* interamericano também à disposição dos juízes nacionais e dos juízes supranacionais que operan na região. Sobre essa última tese, *v.* E. Ferrer Mac-Gregor & A. Herrera García (coords.), *Dialogos jurisprudenciales en Derechos humanos Tribunales constitucionales y Cortes internacionales*, México DF, Tirant lo Blanch, 2013.

permitir uma verdadeira *interação* entre instâncias nacionais e internacionais para a melhor promoção e proteção dos direitos humanos, privilegiando o "diálogo" das fontes protetivas (nacionais e internacionais) e o princípio internacional *pro homine*, que garante a aplicação da norma *mais favorável* ao ser humano num dado caso concreto *sub judice*.[33]

---

[33] Assim, E. Jayme, Identité culturelle et intégration: le droit international privé postmoderne, cit., p. 259, e V. Mazzuoli, *Tratados internacionais de direitos humanos e direito interno*, cit., p. 105 ss, e C. L. Marques & V. Mazzuoli, O consumidor-depositário infiel, os tratados de direitos humanos e o necessário diálogo das fontes nacionais e internacionais: a primazia da norma mais favorável ao consumidor, *Rev. de Direito do Consumidor*, vol. 70, 2009, p. 93-138.

Capítulo 5

A Especificidade Centro-Americana em sua abordagem *Pick and Choose*

Relativamente ao quadro analisado no Capítulo anterior, é possível perceber que na América Latina existe uma experiência bastante singular de integração, cujas origens remontam a 1822[1]: o processo plurissecular de integração constitucional (não apenas regional) da América Central[2]; uma "transação" direcionada à unidade centro-americana, jamais alcançada, porém sempre perseguida.

É fundamental, neste momento, que se compreenda essa especificidade centro-americana, especialmente por se tratar de um modelo que a América do Sul poderá ter como paradigma num futuro próximo.

A relevância dessa original e complexa experiência foi percebida com grande inteligência pelo comparatista Adolfo Posada[3],

---

[1] J.G. Trababino, *Documentos de la Unión Centroamericana*, Ciudad de Guatemala, Secretaria General de la Organización de Estados Centroamericanos, 1956.

[2] Sobre a especificidade da experiência centro-americana, *v*. J. Delgado Rojas, La especificidad de la integración centroamericana y su aporte al pensamiento integracionista latinoamericano, in *Rev. Aportes para la Integración Latinoamericana*, 2009, p. 31 ss, disponível em: <www.iil.org.ar>.

[3] A. Posada, *Instituciones políticas de los pueblos hispano-americános*, Madrid, Reus, 1900.

retomada posteriormente por Ricardo Gallardo[4] desde a primeira metade do século XX.

Em que consiste essa originalidade presente no contexto centro-americano e não encontrável na América do Sul? Consiste em dois fatores:

1) na precoce legitimação, seja a nível constitucional ou supranacional, daquilo que aqui se vai chamar de *Embeddedness*, em razão da existência de um "juiz supranacional" capaz de se "intrometer" no plano interno dos Estados, até mesmo em nível constitucional, sem nenhuma exceção, e não apenas no que tange aos direitos fundamentais, mas também, e prioritariamente, no que diz respeito aos poderes do Estado;

2) na valorização da "identidade constitucional" como fator de integração interestatal (se poderia sintetizar assim: "unidos *pela* e *na* diversidade", ou "unidos *na* e *para* a identidade")[5].

À vista disso, segundo pensamos, as características do constitucionalismo integracionista centro-americano podem ser assim colocadas:

a) precoce instituição de uma Corte supranacional de tutela da unidade da região;

b) valorização das identidades constitucionais comuns como elemento de unidade; e

c) garantia daquelas identidades em caso de conflitos constitucionais internos ou externos aos Estados-partes.

A formalização dessa tríade remonta ao chamado "sistema de Washington", de 20 de dezembro de 1907, ou seja, ao acordo que estabeleceu, entre os órgãos permanentes e fundamentais do Escri-

---

[4] R. Gallardo, *Las Constituciones de la Republica Federal de Centro-América*, Madrid, Instituto de Estudios Politicos, 1958.

[5] O perfil é muito importante em um contexto como o latino-americano, em que o tema das "identidades" nacionais e institucionais nunca teve um reconhecimento pacífico. Cfr., por todos, O. Ianni, *Il labirinto latino-americano* (1993), trad. it., Padova, Cedam, 2000.

tório Internacional Centro-Americano, a *Corte de Justiça Centro--Americana* (também conhecida como *Corte de Cartago*, em razão do nome da cidade costarriquenha em que teve sua sede). Definida em 1917, pela *World Peace Foundation* de Boston, como o "mais surpreendente órgão jurisdicional do mundo", estava aquela Corte efetivamente investida de competências "constitucionais" supranacionais: órgão exterior com competência para julgar fatos internos relativos até mesmo às Constituições nacionais e sobre temas atinentes não só aos direitos dos cidadãos. De fato, a Convenção para o estabelecimento e funcionamento da Corte, adotada em 25 de maio de 1908, reconhecendo à Corte a representação da "consciência nacional centro-americana", estabelecia em seu art. 1º que "as Altas Partes Contratantes (...) se empenham em submeter [à Corte] todas as controvérsias ou questões (...) de quaisquer natureza".

Por consequência, nos termos do art. 2º da mesma Convenção, a Corte teria competência para conhecer e decidir, com efeitos obrigatórios internos para cada Estado, "os recursos de cada um dos países centro-americanos contra atos de outros Governos, violadores dos tratados e das convenções", bem assim "do próprio Governo (...) uma vez exauridos os recursos internos (...) por violação ou denegação de justiça", além – como dizia explicitamente o artigo "anexo" – "dos conflitos surgidos entre os poderes legislativo, executivo e judiciário".

Com tais disposições ativou-se um mecanismo que, mais tarde, foi retomado pela atual *Corte Centro-Americana de Justiça*, renascida em Manágua (Nicarágua) com o nome, agora, invertido. Esse tribunal, instituído pelo Protocolo de Tegucigalpa de 1991, tem atualmente competência para aferir a validade das normas comunitárias centro-americanas, com jurisdição supranacional sobre cinco Estados da região: Costa Rica, El Salvador, Guatemala, Honduras, Nicarágua e Panamá.

O Protocolo de Tegucigalpa tem natureza de *tratado-fundação* relativamente à integração centro-americana, especialmente: (*a*) por criar a CCJ, dando a ela poderes para interpretá-lo, bem assim interpretar outros tratados que lhe sejam complementares; (*b*) por estabelecer que todas as controvérsias a nível regional devam ser submetidas à CCJ; e ainda (c) por manter-se em posição de primazia relativamente aos demais tratados, posteriores ou anteriores à sua vigência, nos termos do seu art. 35, que assim dispõe:

> "Este Protocolo e seus instrumentos complementares e derivados prevalecerão sobre qualquer Convênio, Acordo ou Protocolo subscrito entre os Estados-membros, bilateral ou multilateralmente, sobre as matérias relacionadas com a integração centro-americana. Não obstante, continuam vigentes entre ditos Estados as disposições daqueles Convênios, Acordos ou Tratados sempre que as mesmas não se oponham ao presente instrumento ou obstaculizem atingir seus propósitos e objetivos"[6].

À luz dos arts. 13 e 35 do Protocolo de Tegucigalpa, e do art. 3º do *Estatuto* da CCJ, criou-se no contexto centro-americano, de fato, uma jurisdição "superior" e "exclusiva" em nível supranacio-

---

[6] Cfr. F. D. Lobo Lara, La jurisdicción obligatoria de la Corte Centroamericana de Justicia en el marco de la integración centroamericana, in M. Vidal (org.), *Direito de integração no Mercosul: os desafios jurídicos e político-institucionais da integração regional*, Cuiabá: Tribunal de Justiça, 2012, p. 121-122. Nesse exato sentido, destaca R. A. Peralta que o Protocolo de Tegucigalpa tem "características constitucionais para a Região, já que, entre outras coisas, cria órgãos com características verdadeiramente supranacionais (por exemplo, a Corte Centro-Americana de Justiça) e órgãos mistos que funcionam de modo intergovernamental (Conselho de Ministros), que são fonte de direito comunitário, já que criam normativa obrigatória que se localiza acima do correspondente direito nacional de cada um dos Estados-partes do Sistema. O Protocolo de Tegucigalpa é um Tratado Comunitário definido no artigo 35 do mesmo, o qual coloca em situação superior este Convênio e seus instrumentos complementares e derivados sobre qualquer outro Convênio, anterior ou posterior, constituindo-se assim o Sistema Comunitário de Integração, baseado na legítima delegação da soberania dos Estados em favor das instituições que cria e em sua correspondente medida; as que, por sua vez, no exercício de suas atribuições e competências, vão construindo o andaime normativo supranacional" (*Aplicación de las normas comunitarias centroamericanas en los Estados miembros del SICA*, Managua: CCJ, 2011, p. 4-5).

nal, também em matéria constitucional de conflitos entre órgãos internos de cada Estado: o art. 22, primeira parte, alínea *f*, do *Estatuto* da CCJ, estabelece:

> "A competência da Corte será:
>
> (…)
>
> *f)* conhecer e resolver, a pedido do interessado, os conflitos que possam surgir entre os Poderes ou Órgãos fundamentais dos Estados e quando de fato não se respeitarem as decisões judiciais"[7].

Com esse panorama assim singular, a pergunta inevitável é a seguinte: como essas competências incidem sobre o direito convencional da CADH?[8] Vale para a América Central a "verticalidade" do sistema convencional ou do "controle de convencionalidade" presente nos demais contextos da América Latina?

A CCJ parece responder às indagações excluindo, ao menos no plano preventivo e abstrato, quaisquer interconexões entre competência e jurisprudência regional centro-americana e decisões da Corte IDH, abrindo, assim, uma hipótese de dualidade de *Kompetenz-Kompetenz*. De fato, os dados dessa dualidade seriam formais e residiriam no *Estatuto* da CCJ e em sua aceitação por parte dos Estados que ao sistema aderiram[9].

No que tange à CCJ e aos questionamentos que agora se colocam, é importante destacar três pontos principais:

---

[7] Cfr. J. A. Giammattei Avilés, La Corte Centroamericana de Justicia como Tribunal constitucional de la Comunidad Centroamericana, in *Anuario de Derecho constitucional latinoamericano*, 2003, p. 507 ss, Nyman-Metcalf & I. F. Papageorgiou, *Regional integration and Courts of Justice*, cit., p. 55 ss, e V. Mazzuoli, Por um Tribunal de Justiça para a Unasul…, cit., p. 199 ss.

[8] A. Gómez Vides, *Aportes significativos de la Corte Centroamericana de Justicia al derecho internacional y al derecho comunitario*, Managua, CCJ, 2013.

[9] De fato, o Estatuto da CCJ é um acordo internacional a que nem todos os Estados subscritores do SICA aderiram: em particular, dele não faz parte a Costa Rica, pioneira na aceitação do "controle de convencionalidade".

• Segundo o art. 25 do *Estatuto* da CCJ, a Corte se "autolimitaria" em "matéria" relativa a direitos humanos, respeitando a "exclusiva" competência da Corte IDH. Por tal razão, entre outras, é que a CCJ subscreveu um acordo especial com a Corte IDH, em 4 de outubro de 2007, sobre essa autolimitação. De resto, no caso "*Duarte Moncada*"[10] a CCJ já havia declarado a própria "incompetência" em "matéria" de direitos humanos, sem excluir a possibilidade de poder conhecer eventuais violações de direitos por parte dos órgãos do SICA[11].

• De acordo com o art. 23 do mesmo *Estatuto*, é também atribuída à CCJ uma competência "consultiva" sobre a interpretação de "quaisquer acordos internacionais". Tal previsão poderia abstratamente permitir a promoção de uma "comparação multinível" com a CADH, fundada sobre algo similar à "técnica da equivalência" elaborada (como se dirá) na Europa no que tange ao "diálogo" entre o TJUE e a CEDH (nos termos do art. 6° do TUE). O instrumento, porém, foi utilizado até o momento em apenas *uma* ocasião, a pedido da Nicarágua, na decisão relativa ao caso 27-7, solicitado em 3 de março de 2000 e decidido em 13 de março de 2003. Tal, portanto, resta na órbita da disponibilidade "política" dos Estados e, assim, não produz nenhum efeito "dialogante" com a Corte IDH, o que reforça, portanto, a presunção de separação entre as duas dinâmicas supranacionais[12].

• Se a CCJ tiver que discutir questões afetas a direitos humanos, sobretudo em face de eventual violação de direitos por parte dos órgãos do SICA, a referência a tais direitos e à sua interpretação realizar-se-á apenas minimamente, sem qualquer pretensão de confrontação com a jurisprudência já estabelecida pela Corte IDH, evitando-se, assim, possíveis embates entre as duas cortes, como recentemente afirmado na Decisão de 21 de junho de 2012.

---

[10] Sentença de 13 de janeiro de 1995.
[11] Caso "*Viguer Rodrgio*", Sentença de 24 de outubro de 2000.
[12] S. Maldonado Jordison, The Central American Court of Justice. Yesterday, Today and Tomorrow?, in *Connecticut J. Int.'l L.*, 2009, p. 183 ss.

Por outro lado, a mesma estrutura interordenamental do SICA apresenta uma especificidade própria: a de funcionar segundo a lógica *Pick and Choose*.

Com a fórmula *Pick and Choose System*[13] pretende-se identificar aqueles contextos interordenamentais nos quais os Estados se vinculam às integrações recíprocas de forma *assimétrica* relativamente às fontes que a organização supranacional produz, à razão não tanto da disponibilidade estatal em adimplir a todas as obrigações derivadas dos tratados institutivos, mas, sobretudo, da própria morfologia jurídica dos atos constitutivos dessas integrações, caracterizados pela pluralidade de acordos que, de tempos em tempos, cada Estado pode aceitar ou não.

Desse modo, a integração centro-americana opera com uma pluralidade de tratados e fontes jurídicas de forma não coordenada quer em nível vertical (entre a dimensão supranacional e a dimensão estatal), quer em nível interestatal (eis que os Estados não são obrigados a participar), e tampouco no plano de cada Estado individualmente considerado (condicionados pela adesão ou não a todos os tratados regionais).

O primeiro documento a imprimir essa tendência centro-americana foi o *Tratado da União Centro-Americana*, celebrado na Guatemala em 15 de junho de 1897 e subscrito pelos representantes da República Mayor da Centro-América, Guatemala e Costa Rica[14]. No art. 1º do Tratado lê-se que Honduras, Guatemala, El Salvador, Nicarágua e Costa Rica pretendem dar vida a uma "*só nação*", e que, todavia, cada República fundadora da "nova unidade política" conserva a "sua inteira liberdade e independência, à exceção dos pontos expressamente indicados neste Tratado e em relação aos quais [os Estados] devem ser considerados como de uma única nacionalidade" (art. 2º). Essa cláusula de limitação inversa da soberania estatal encontra confirmação em todas as outras disposições, nas quais se especifica que a Unidade interestatal opera ex-

---

[13] Sistema pelo qual "se pode escolher o que se deseja".
[14] Publicado em Tegucigalpa, pela Tipografia Nacional, em 1897.

clusivamente em matéria de relações internacionais (art. 3º), para as quais a União está dotada de um específico poder executivo, sob a presidência do Presidente da República Centro-Americana (arts. 4-7), assistido por um Conselho de delegados estatais (arts. 8-12). Não foram previstas formas específicas de intervenção dos órgãos da União sobre as relações dos Estados, em razão das obrigações assumidas no plano das relações externas. O documento se limitou a falar de "harmonia" entre Estados (arts. 13, *j*, e 18) e em desenvolvimento, por parte do Conselho, de trabalhos que visem "unificar" as legislações estatais (art. 14), afirmando, também, que os tratados celebrados pela União não surtirão efeitos imediatos para os Estados, devendo, estes, garantir que os tratados estejam em conformidade com seus "interesses peculiares" (art. 13, *k*).

O sistema dessa União, portanto, nascia assimétrico e continuava persistindo na assimetria, tanto que as previsões dos arts. 19 e 20 disciplinavam que o tratado não poderia ser interpretado na consideração retrospectiva de outras experiências integrativas, bem assim que deveria ser levada em consideração a "recíproca conveniência", além do que poderia a União sobreviver mesmo em caso de saída dos Estados contratantes, desde que "concorra mais de um Estado à sua formação", salvo se a dissociação dos outros não comprometa a eficácia das questões internacionais assumidas pela União[15].

O grande comparatista Adolfo Posada percebeu com imediatidade a particularidade dessa experiência centro-americana[16], tendo sido ele, sobretudo, o primeiro a sublinhar que a caracterização assimétrica dessa integração (hoje efetivamente qualificável segundo a lógica *Pick and Choose*) encontrava fundamento não apenas

---

[15] Uma lógica bastante distinta do desenho impresso na Constituição da República Confederativa Centro-Americana, de 23 de novembro de 1824, cujo art. 10 estabelecia: "Cada Estado que a compõe é livre e independente no seu governo e na sua administração interna; e agora espera todo o poder que pela Constituição não vem conferido à autoridade federal".

[16] A. Posada, *Instituciones políticas de los pueblos hispano-americános*, cit., p. 138 ss.

no conteúdo dos próprios tratados institutivos[17], como demonstram os citados artigos do Tratado de 1897, mas em explícitas disposições constitucionais dos Estados-partes, expressivas não tanto de vínculos "comunitários", a orientar o sistema das fontes e da organização estatal, mas, paradoxalmente, da consciência oposta em admitir a desagregação recíproca. Assim, o art. 151 da Constituição de El Salvador de 1886 qualificava o Estado como "parte desagregada" da República Centro-Americana. De forma análoga, o art. 1º da Constituição da Nicarágua de 1905 falava de "*sección disgregada*", enquanto que a da Guatemala de 1965, no art. 2º, limitava-se apenas a defender a "nacionalidade centro-americana", tendo apenas o texto de Honduras de 1904, no seu art. 1º, declarado o "dever e sua enorme necessidade de voltar à União com os demais Estados da República [Centro-Americana] dissolvida", até mesmo à custa de reformar ou ab-rogar a própria Constituição[18].

Com a instituição da Organização dos Estados Centro-Americanos – ODECA, em 1951, foram reabertas as tentativas de reorganização internacional interestatal centro-americana. A ODECA foi criada por cinco Estados da região pela *Carta de San Salvador*, de 14 de outubro de 1951, que nasceu com a finalidade de promover a cooperação e a integração interestatal. E, com efeito, com a entrada em vigor do *Acordo de Manágua*, de 13 de dezembro de 1960, deu-se vida ao *Mercado Comum Centro-Americano* (MCCA), operando, contudo, como simples união aduaneira entre Estados.

Foi somente a partir do Protocolo de Tegucigalpa à Carta da ODECA, concluído em 13 de dezembro de 1991 por cinco estados centro-americanos e pelo Panamá, que se instituiu o *Sistema de Integração Centro-Americano – SICA*, que entrou em funcionamento em 1º de fevereiro de 1993. Do ano 2000 até o presente momento a ele aderiu o Belize, tendo a República Dominicana se associado como observadora em 2003. A partir desse momento, surge na América Central um esquema integracionista regional totalmente

---

[17] Diacronicamente analizados por Posada, Idem, p. 128 e ss.
[18] A. Posada, *Instituciones políticas de los pueblos hispano-americános*, cit., p. 120-122.

novo relativamente ao existente na América do Norte e na América do Sul, capaz, agora, de se interconectar com o tema dos "direitos humanos" em diferentes níveis (local, regional e interamericano).

Não são, contudo, compreensíveis quais sejam as condições de participação nesses novos processos centro-americanos de integração[19]. Até o Tratado de 1897, as tentativas pareciam pressupor uma *identidade geográfica* e *constitucional*, clarificada por pertencer à "consciência nacional centro-americana". Hoje, os fenômenos de organização regional da América Central têm envolvido até países como o Panamá, que se tornou independente da Colômbia em 1903, ou o Belize, independente do Reino Unido apenas em 1981, já membro de outra organização regional como a CARICOM, e, finalmente, a República Dominicana, que geográfica e historicamente não viveu as anteriores experiências do "direito constitucional centro-americano"[20].

Se se considerar que esses países podem interagir nas relações externas do SICA, participando até mesmo da sessão de "Reativação da Integração Regional", ocorrida na cidade de San Salvador em 2009, e da *Declaração Especial de Honduras*, rejeitada, por sua vez, pela Nicarágua[21] (que ameaçou até mesmo "romper" com o tratado institutivo), é possível compreender como a lógica *Pick and Choose* ainda persiste naquele contexto, não obstante o isomorfismo dos ordenamentos ali envolvidos.

Não é por outra razão que, no quadro da cooperação assegurada pelo Protocolo de Tegucigalpa, os Estados têm concluído uma série de outros acordos internacionais formalmente não integrados com o Protocolo e, portanto, juridicamente dele independentes: o

---

[19] Sobre a complexidade desse problema, *v.* M. Carducci & L. Castillo Amaya, Comparative Regionalism and Constitutional Imitations in the Integration Process of Central America, cit., p. 7 ss.

[20] A. Maldonado Aguirre, El Acta fundacional de la Nacion Centroamericana, in *Anuario de Derecho Constitucional Latinoamericano*, 2009, 723 ss, disponível em: <www.juridicas.unam.mx>.

[21] Após o golpe de Estado de junho de 2009, que depôs o presidente Zelaya, os países do SICA haviam excluído Honduras dessa organização regional.

Protocolo da Guatemala, de 29 de outubro de 1993, modificado em 2003, pretendeu criar a "União Econômica Centro-Americana", ratificado apenas pela Costa Rica, El Salvador, Guatemala, Honduras e Nicarágua; o *Tratado da Integração Social Centro-Americana*, de 30 de março de 1995, ratificado apenas por El Salvador, Guatemala e Panamá; e o *Tratado Quadro de Segurança Democrática*, de 15 de dezembro de 1995, ratificado por Belize, El Salvador, Honduras e Nicarágua.

Essa situação de assimetria dos vínculos de reciprocidade internacional produz efeitos disruptivos até sobre as cláusulas constitucionais de abertura à integração e ao direito internacional público. Os tratados permanecem autônomos entre si e vinculam apenas os Estados que a eles aderem, espraiando também no seio da dinâmica constitucional o fenômeno do *Pick and Choose System*, dificultando, assim, a construção de um "caminho comunitário" homogêneo dos órgãos constitucionais a partir dos juízes.

O único contexto centro-americano em que o quadro parece conter uma forma de tridimensionalidade próxima daquela europeia é oferecido pelo sistema da Costa Rica. De fato, na Costa Rica, a abertura ao direito comunitário do SICA e àquele dos direitos humanos da CADH vem formalizado por várias fontes de natureza interna, assim sintetizadas na feliz redação do art. 1º da *Ley de la Jurisdicción Constitucional*:

> "A presente lei tem por finalidade regular a jurisdição constitucional, cujo objeto é garantir a supremacia das normas e princípios constitucionais e do Direito Internacional ou Comunitário vigente na República, sua uniforme interpretação e aplicação, assim como os direitos e liberdades fundamentais consagrados na Constituição ou nos instrumentos internacionais de direitos humanos vigentes na Costa Rica".

Ademais, mesmo que a Costa Rica tenha aceitado a lógica *Pick and Choose*, não ratificando, *v.g.*, o *Estatuto* da CCJ, verifica-se que a sua jurisprudência "dialoga" tanto com a própria CCJ quando com a Corte IDH, reconhecendo a ambas um caráter de supranacionalidade incidente sobre o seu ordenamento interno, em função da mais ampla garantia dos direitos humanos[22]. É assim que a tridimensionalidade vem sendo acolhida naquele país, como explicou a *Sala Constitucional* costarriquenha na Sentença nº 4638-1996, de 6 de setembro de 1996:

> "(...) a Corte Centro-Americana de Justiça, organismo encarregado de dirimir os conflitos relacionados com normas de caráter comunitário, e cujas atribuições, funcionamento e integração se regulará pelo seu próprio Estatuto, que não foi aprovado pela Corte Rica. Em consequência disso, o país e seus habitantes se encontram em desvantagem frente ao órgão chamado a interpretar e aplicar o Direito Comunitário, situação que pode ter relevância constitucional, bem como poderia implicar denegação de justiça para os costarriquenhos, a quem, da mesma forma que os nacionais de outros países centro-americanos, derivam direitos e obrigações das normas comunitárias, e se veem colocados em um plano desigual ao vir a este Tribunal, mercê da não aprovação do seu convênio constitutivo".

Em suma, pode-se dizer que o sistema centro-americano de justiça (especialmente o costarriquenho) inova em relação aos demais Estados do Continente Americano, ao estabelecer um mosaico integracionista jamais visto tanto na América do Norte quanto na América do Sul. Essa experiência centro-americana deveria ser apreendida especialmente pela América do Sul, que ainda não dispõe de meios para "tridimensionalizar" o seu sistema integrativo, especialmente por faltar um *Tribunal de Justiça* no âmbito da União das Nações Sul-Americanas – Unasul[23].

Não há dúvidas que a estrutura comunitária centro-americana – assim como a arquitetura da justiça unitária na União Europeia – serve de paradigma ao desenho institucional de um (ainda ine-

---

[22] Sala Constitucional da Costa Rica, Sentença 1079-92.
[23] Para críticas à falta de um órgão judicial de solução de controvérsias na Unasul, *v.* V. Mazzuoli, Por um Tribunal de Justiça para a Unasul..., cit., p. 199-206.

xistente) *Tribunal de Justiça* para a Unasul, especialmente pelo fato de ainda inexistir na Unasul um sistema completo de solução de controvérsias, havendo apenas um sistema precário (e pouco claro) de solução estritamente diplomática (art. 21, Tratado da Unasul). Assim, é evidente que esse atraso que a América do Sul tem relativamente ao avanço apresentado na América Central desde 1991 (a partir do Protocolo de Tegucigalpa) há de ser corrigido pela efetiva jurisdicionalização do bloco sul-americano.

Em suma, apenas relativamente à experiência centro-americana é possível prever a emergência de um "patrimônio constitucional comum" similar àquele construído na Europa pela "comunidade de direito" promovida pela jurisprudência do TJUE, em seu diálogo com os juízes nacionais e com a Corte Europeia de Direitos Humanos[24].

Nada de similar existe, por enquanto, no plano dos sistemas *norte*-americano e *sul*-americano, os quais, efetivamente, necessitam avançar em termos de técnica e método integracionista supranacional (tridimensional) e de proteção multinível dos direitos humanos.

---

[24] C. E. Salazar Grande & E. N. Ulate Chacón, *Manual de Derecho comunitario centroamericano*, cit., p. 280 ss.

Capítulo 6

Onde está o *Judicial Branch* nas Integrações Supranacionais?

As diferenças morfológica e funcional observadas entre as tridimensionalidades europeia, latino-americana (em geral) e centro-americana (em especial) permitem estabelecer uma comparação constitucional dos três contextos de supranacionalidade regional no que tange aos referidos "elementos determinantes" dos direitos humanos, ao papel dos juízes e suas interpretações, bem assim de suas fontes.

A hipótese, que segue às premissas descritas, é aquela do confronto entre dois perfis:

1) qual juiz, de que nível ordenamental, tem a "última palavra" sobre a interpretação dos direitos dos cidadãos no respectivo bloco regional;

2) que papel tem o "primado" das Constituições nacionais tem termos de "paradigma último" de orientação das relações entre os ordenamentos envolvidos na tridimensionalidade, e se existe ou não um "monopólio" na utilização das Constituições nacionais em tais funções.

Estas são as duas questões subjacentes à investigação do *Judicial Branch* das integrações supranacionais e de seu papel, efetivo ou não, de *Constitutional Justice* das relações interordenamentais[1].

Tais questões se apresentam necessárias, porque, como se viu, a supranacionalidade "compensatória" do sistema convencional interamericano acaba por operar, por meio do enquadramento no "bloco de constitucionalidade transnacional", como "substitutiva" ou também *intrusiva* no sistema das fontes e dos direitos inscritos em cada ordenamento interno, impondo-se sobre as interpretações domésticas das Constituições, sobre os juízes constitucionais e todos os outros órgãos internos (nestes, apresentando-se mais similares à supranacionalidade da UE que àquela da CEDH). Ainda que os referidos Poderes Judiciários nacionais (no Brasil, *v.g.*, os principais tribunais superiores, como o STF e o STJ) não sigam em todos os casos as decisões da Corte IDH, o certo é que o seu "sistema" de controle de convencionalidade busca, efetivamente, "impor" ao Judiciário nacional os comandos decididos no plano internacional, inclusive quando se trata de uma sentença apenas *consultiva* do tribunal interamericano.

No contexto centro-americano, destaque-se, tenta-se um tipo de "duplo binário" entre *Embeddedness* ("intromissão") da CADH e do SICA.

Na Europa, ao contrário, a relação entre Constituições, UE e CEDH não é tão absorvente. Por esse motivo é que se faz necessário comparar esses três sistemas, a fim de se compreender como (e quando) será possível uma aproximação uniforme entre eles, à luz de uma teoria tridimensional das integrações supranacionais.

Em primeiro lugar, os tribunais constitucionais (internos) europeus agem numa perspectiva distinta daquela da Corte EDH, especialmente porque esta última, levando em conta os direitos individuais em discussão relativos ao parâmetro internacional,

---

[1] Cfr. Mauro Cappelletti & D. Golay, Judicial Branch in the Federal and Transnational Union , in M. Cappelletti, M. Seccombe & J. H. H. Weiler (eds.), *Integration Trough Law*, Berlin-New York, De Gruyter, vol. I, 1986, p. 327 ss.

não pode ser senão simplesmente "compensatória" da tutela desses direitos. Os juízes constitucionais, por sua vez, na discussão de quaisquer questões de legitimidade constitucional, devem prioritariamente preocupar-se, independentemente dos instrumentos de tutela, com o sistema interno dos direitos e dos interesses constitucionalmente protegidos no interior de cada ordenamento doméstico, em respeito ao sistema das fontes domésticas[2]. Em outros termos, os tribunais domésticos europeus ativam uma espécie de "estratégia de filtragem" para a CEDH e as interpretações de sua Corte respectiva: essa "estratégia" pode consistir numa espécie de *distinguishing* na utilização dos precedentes da Corte EDH, fundado no pressuposto de que a Corte Europeia pode reivindicar o "monopólio" na interpretação da própria CEDH, mas não relativamente às Constituições nacionais; à referência explícita aos precedentes externos, à finalidade de reinterpretá-los "à luz" da Constituição[3]; até à consideração de que o respeito das obrigações internacionais não pode dar causa à diminuição das tutelas e dos meios disponíveis no ordenamento interno[4].

Relativamente, porém, ao sistema supranacional da União Europeia, as Constituições nacionais oferecem, sim, os famosos "contralimites" ao ingresso incondicionado do direito europeu no plano

---

[2] Sobre a relevância dessa consideração, *v.* A. Ruggeri, La Consulta rimette abilmente a punto la strategia dei suoi rapporti con la Corte EDU e, indossando la maschera della consonanza, cela il volto di un sostanziale, perdurante dissenso nei riguardi della giurisprudenza convenzionale ("a prima lettura" di Corte cost. nº 264 del 2012), in Id., "*Itinerari*", vol. XVI, cit., p. 539 ss.

[3] Por exemplo, a Corte Constitucional italiana, nas Sentenças 236/2011 e 230/2012, adotou um tipo de "margem de apreciação inversa" para as relações da CEDH, no sentido de admitir a adequação à jurisprudência da Corte EDH, porém "levando em consideração" as peculiaridades do ordenamento jurídico em que a norma convencional se insere, como verdadeira "margem de apreciação e adequação" interna. Cfr. R. Dickmann, Corte costituzionale e controlimiti al diritto internazionale. Ancora sulle relazioni tra ordinamento costituzionale e CEDU, in *Focus Human Rights*, nº 3, 2013, disponível em: <www.federalismi.it>.

[4] Na Itália, *v.* as Sentenças 317/2009 e 264/2012.

estatal, mas não desconhecem o seu "primado" funcional à realização do desenho institucional da integração[5]. Ao mesmo tempo, esse "primado" não chega a absorver a substância das decisões domésticas de interpretação dos direitos: ao contrário, o orienta teleologicamente, como demonstra o recurso à técnica da "interpretação conforme"[6], progressivamente alargada até à dimensão convencional da CEDH [7].

Em verdade, somente a referencia tridimensional à "interpretação conforme a" (Constituição, UE, CEDH) opera como lógica intersistêmica relativa a todas as fontes externas ao ordenamento nacional, impedindo "monopolizações transnacionais"[8], mesmo à custa das derivações hermenêuticas que garantem a lógica da tridimensionalidade[9], e, portanto, sem renegar o "primado" do direito da União Europeia, que não pode ser "parificado" ao direito convencional da CEDH: uma ulterior diferença do contexto latino-americano, em que é a Corte IDH que realiza as "interpretações conforme" à própria jurisprudência, sem exceções de "margem de apreciação" ou "contralimites" invocados pela autoridade interna[10], ou em que são as Constituições nacionais que limitam o "diálogo" sobre a base de presunções de máxima garantia dos direitos formalizados no texto (como se constatou relativamente à Constituição do Equador).

---

[5] Cfr. F. Vecchio, Primato del diritto europeo e controlimiti come tecniche di relazione tra gli ordinamenti, in *16 Mediterranean J. Hum Rights*, 2012, p. 317 ss.

[6] Sobre a problemática do cânone da "interpretação conforme", cfr. F. Mannella, *Giudici comuni e applicazione della Costituzione*, Napoli, Editoriale Scientifica, 2011.

[7] A. Celotto & G. Pistorio, Interpretazioni comunitariamente e convenzionalmente conformi, in *Giur. It.*, 2010, p. 1.980 ss.

[8] Cfr. V. Piccone, L'interpretazione conforme nell'ordinamento integrato, in R. Crosio & R. Foglia (org.), *Il diritto europeo nel dialogo tra le Corti*, cit., p. 284 ss.

[9] G. Pistorio, *Interpretazione e giudici. Il caso dell'interpretazione conforme al diritto dell'Unione europea*, Napoli, Editoriale Scientifica, 2012.

[10] Como se deu no caso "Gelman *vs.* Uruguai", que se analisará adiante.

Portanto, no contexto da União Europeia, após o Tratado de Lisboa e da nova versão do TUE, parece que se consolidou um sistema de "duopólio" sobre as Constituições nacionais, eis que "contralimites" constitucionais (por meio do juiz constitucional nacional) e "última palavra" europeia no plano da integração (por meio do TJUE) são dialógicos entre Estados e dimensão supranacional, com o envolvimento hermenêutico do direito convencional: por tal razão é que se fala numa "interconstitucionalidade" estrutural[11], como também em *Constitutional Synallagma*, para afirmar a reciprocidade estatal-supranacional dessa dinâmica[12].

Em suma, entre a *primauté* europeia e os "contralimites" nacionais não se presencia qualquer lógica *aut-aut*, mas *et-et*; com essa lógica *et-et* é que se funcionaliza o sistema convencional da CEDH.

No quadro da União Europeia, o TJUE se coloca como verdadeiro garante da *Rule of Law* da Europa, à luz do art. 19(1), *in fine*, do TUE, segundo o qual cabe ao Tribunal de Justiça "garantir o respeito do direito na interpretação e aplicação dos tratados"[13]; reivindica o seu papel, como no citado caso "*Kadi*", mesmo na presença de relação hierárquica entre o direito da UE e outros tratados internacionais, exigindo a garantia dos direitos como condição para a aplicação do direito internacional no plano interno dos conflitos da União Europeia e, portanto, dos Estados, cujas Constituições garantem aqueles direitos. Tal foi assim especificado:

"(...) as obrigações impostas por um acordo internacional não podem ter o efeito de comprometer os princípios constitucio-

---

[11] Para uma síntese, *v.* A. Ruggeri, Sovranità dello Stato e sovranità sovranazionale, attraverso i diritti umani e le prospettive di un diritto europeo "intercostituzionale", in *Dir. Pubbl. Comp. Eur.*, vol. II, 2002, p. 544 ss.

[12] G. Martinico, Complexity and Cultural Sources of Law in the EU Context: from the Multilevel Constitutionalism to the Constitutional Synallagma, 2007, disponível em: <www.germanlawjournal.com>.

[13] Sobre a relevância desse perfil na dinâmica histórica da Comunidade Europeia/União Europeia, *v.* F. Palermo, *La forma di Stato dell'Unione europea*, cit., p. 86 ss.

nais dos tratados comunitários, entre os quais figura o princípio segundo o qual todos os atos das instituições europeias devem respeitar os direitos fundamentais".

Enquanto isso, porém, após o Tratado de Lisboa, com o citado art. 4º do TUE, torna-se pleno o reconhecimento do respeito do "monopólio estatal" das identidades nacionais constitucionais como limites ao direito europeu[14].

Não por acaso, a sentença de 30 de junho de 2009 do *Bundesverfassungsgericht*, ao julgar a constitucionalidade da lei de ratificação do Tratado de Lisboa[15], equiparou o respeito da identidade constitucional à "cláusula de eternidade" do art. 79(3) da *Grundgesetz* ("Uma modificação desta Lei Fundamental é inadmissível se afetar a divisão da Federação em Estados, o princípio da cooperação dos Estados na legislação ou os princípios consignados nos Artigos 1 e 20"[16]): fica, então, para o juiz constitucional nacional a verificação desse "respeito" por parte dos atos das instituições da União Europeia, combinado com o princípio da atribuição, enquanto princípio geral do direito europeu (*v.g.*, art. 5, incs. 1º e 2º do TUE, assim redigidos: "1. A delimitação das competências da União rege-se pelo princípio da atribuição (...); 2. Em virtude do princípio da atribuição, a União atua unicamente dentro dos limites das competências que os Estados-membros lhe tenham atribuído nos Tratados para alcançar os objetivos fixados por estes últimos. As competências que não sejam atribuídas à União nos Tratados pertencem aos Estados-membros"), e com os arts. 6(3) e 4(2) do TUE.

---

[14] Falou-se, a propósito, de "primado invertido" e de "contralimites europeizados": cfr. A. Celotto, La primauté nel Trattato di Lisbona, in *Dal Trattato costituzionale al Trattato di Lisbona*, cit., p. 371 ss, e B. Guastaferro, Il rispetto delle identità nazionali nel Trattato di Lisbona: tra riserva di competenze e "controlimiti europeizzati", in *Quad. Cost.*, 2012, p. 154 ss.

[15] *BVerfG*, 2 BvE 2/08.

[16] *Verbis*: "Eine Änderung dieses Grundgesetzes, durch welche die Gliederung des Bundes in Länder, die grundsätzliche Mitwirkung der Länder bei der Gesetzgebung oder die in den Artikeln 1 und 20 niedergelegten Grundsätze berührt werden, ist unzulässig".

Paralelamente, frise-se, o TJUE tem invocado sempre com mais ênfase princípios fundamentais presentes nas Constituições nacionais para julgar a validade dos atos europeus. Assim, *v.g.*, no caso "*Omega*"[17], o princípio da dignidade da pessoa humana, reconhecido pela Constituição alemã, foi considerado como prevalente ao princípio comunitário da liberdade de circulação de mercadorias, equilibrando anteriores orientações jurisprudenciais do mesmo TJUE, em que se desaplicou (como no famoso caso "*Kreil*"[18]) até mesmo uma disposição constitucional.

---

[17] Sentença de 14 de outubro de 2004, in *Causa C-36/02*.

[18] Caso "*Tanja Kreil vs. República Federal da Alemanha*", Sentença de 11 de janeiro de 2000, in *Causa C-285/98*: "Embora caiba aos Estados-membros, que têm de aprovar as medidas adequadas para assegurar a sua segurança interna e externa, adotar as decisões relativas à organização das suas forças armadas, daqui não resulta, no entanto, que tais decisões devam escapar totalmente à aplicação do direito comunitário. Não se pode, com efeito, sob pena de pôr em causa o caráter obrigatório e a aplicação uniforme do direito comunitário, admitir que o Tratado, fora das hipóteses específicas contidas em certas disposições, contenha uma reserva geral abrangendo qualquer medida adotada por um Estado-Membro para salvaguarda da segurança pública. Tratando-se da Diretiva 76/207, relativa à concretização do princípio da igualdade de tratamento entre homens e mulheres no que se refere ao acesso ao emprego, à formação e promoção profissionais e às condições de trabalho, ela é por consequência aplicável às medidas acima referidas. Quando, no caso da organização das forças armadas na República Federal da Alemanha, as autoridades nacionais competentes fazem uso da faculdade que lhes é oferecida pelo artigo 2º, nº 2, da diretiva de excluir do seu âmbito de aplicação as atividades profissionais para as quais, em razão da sua natureza ou das condições do seu exercício, o sexo constitua uma condição determinante, elas não podem, sem ignorar o princípio da proporcionalidade, considerar de uma forma geral que a composição de todas as unidades armadas da *Bundeswehr* deve permanecer exclusivamente masculina. Com efeito, dado que as derrogações previstas por esta disposição só podem visar atividades específicas, uma tal exclusão, que se aplica à quase totalidade dos empregos militares da *Bundeswehr*, não pode ser considerada como uma medida derrogatória justificada pela natureza específica dos empregos em causa ou pelas condições especiais do seu exercício. Tratando-se, por outro lado, da aplicação eventual do artigo 2º, nº 3, da diretiva, admitindo as diferenças de tratamento numa preocupação de proteção da mulher, a exclusão total de mulheres de qualquer emprego militar que inclua a utilização de armas não entra no âmbito destas diferenças. Segue-se que a Diretiva

As previsões de tutela dos direitos humanos presentes na CEDH assumem, nesse quadro, apenas uma função "equivalente" e "concorrente", mas não *prevalente* frente ao direito supranacional da União Europeia: elas *confirmam* o quadro, mas não o derrogam ou o substituem. Eis, então, que o TJUE, a exemplo do caso *"ETR"*[19], faz referência à CEDH e se coloca em conformidade com a jurisprudência da Corte EDH. Mas também a Corte EDH, no emblemático caso *"Bosphorus Hava Yollary Turizim vs. Ireland"*[20], se absteve de se pronunciar sobre um regulamento comunitário violador de um direito (o direito de propriedade) tutelado pela CEDH, à luz da presunção de que o seu nível de proteção "equivale" (e, portanto, é "comparável", mesmo não sendo idêntico) àquele previsto na CEDH, seja em termos formais dos enunciados dos dois ordenamentos (CEDH e UE), seja em termos conteudísticos de pronunciamentos jurisprudenciais supranacionais, como indicado no sucessivo caso *"Cooperatieve Producentenorganisatie vs. Netherlands"*[21].

Não surpreende, nesse ponto, a redação do novo art. 6°(1) do TUE, quando afirma que os direitos da "Carta de Nice" devem ser "interpretados de conformidade com as disposições gerais do Título VII da Carta", e, portanto, levando também em conta o art. 52(3) da "Carta de Nice", que prevê a *equivalência protetiva* entre a CEDH e os tratados da União Europeia.

De resto, também as Cortes Constitucionais nacionais têm contribuído para esse percurso, por meio de um certo autocontrole frente ao papel dos juízes da Corte de Luxemburgo. De fato, pense-se na Corte Constitucional italiana, com a elaboração do critério

---

76/207 opõe-se à aplicação de disposições nacionais, tais como as do direito alemão, que excluem de maneira geral as mulheres dos empregos militares que incluam a utilização de armas e que autorizam somente o seu acesso aos serviços de saúde e às formações de música militar".

[19] *Causa 260/1989*.
[20] Sentença de 30 de junho de 2005, Recurso 45036/98.
[21] Sentença de 20 de janeiro de 2009, III, Recurso 13645/05.

da assim chamada "dupla prejudicialidade", quando sustentou que não compete ao juiz constitucional

> "fornecer a interpretação da normativa comunitária que não resulte por si só de 'clara evidência', nem tampouco resolver os contrastes interpretativos advindos (...) de tal normativa, deixando-se à decisão do Tribunal de Justiça [da UE] a interpetação com força vinculante para todos os Estados-membros; (...) cabendo ao juiz nacional, que alega (...) a norma comunitária como parâmetro de constitucionalidade, o ônus de solicitar, na falta de precedentes pontuais ditados pelo Tribunal de Justiça [da UE], a intervenção deste último para provocar uma interpretação certa e confiável, que assegure a efetiva (...) relevância (...) da legitimidade constitucional atinente a uma disposição interna que, comparada a um parâmetro de constitucionalidade, afete, direta ou indiretamente, o alcance da norma comunitária"[22].

Mais recentemente, com a *Ordinanza n° 207/2013*, a Corte Constitucional italiana chegou finalmente a submeter o reenvio prejudicial ao TJUE no âmbito de uma questão incidental, permitindo o diálogo direto com os juízes da União Europeia em "matéria" de tutela dos direitos humanos, e a fim de manter vivo o "duopólio" euro-comunitário.

6.1. O "efeito útil" europeu

Em suma, está o "efeito útil" comunitário a operar como válvula de ligação e funcionamento dos canais tridimensionais, relativamente ao entrelaçamento das antinomias entre as diversas hierarquias: aquele "efeito útil" que, na América Latina, é necessário para o "controle de convencionalidade" desenvolvido pela Corte IDH.

---

[22] Corte Constitucional italiana, *Ordinanza* n° 536/1995.

Todo o percurso da jurisprudência das instancias judiciárias da Comunidade/União Europeia confirma essa conclusão. De fato, no caso "*Van Gend en Loos*", lê-se o seguinte:

> "A Comunidade Econômica Europeia constitui um ordenamento jurídico de novo gênero no campo do direito internacional, em razão do qual os Estados-membros renunciam, embora em áreas limitadas, aos seus poderes soberanos e aos quais estão sujeitos não apenas os Estados-membros, mas também todos os cidadãos. O direito comunitário, independentemente das normas emanadas dos Estados-membros, da mesma forma que impõe aos indivíduos obrigações, a eles atribui direitos subjetivos (...)"[23].

Um ano depois, abandonando cada referência ao direito internacional, o TJUE inequivocamente passa a falar de um "ordenamento jurídico integrado ao ordenamento jurídico dos Estados-membros", para o qual os juízes nacionais devem observância[24]. Por sua vez, a ideia de "integração", formalmente presente apenas no primeiro Tratado Europeu, o de Paris de 1951, que instituiu a Comunidade Econômica do Carvão e do Aço (CECA)[25], vem agora também estendida aos "direitos fundamentais resultantes das tradições comuns dos Estados-membros"[26], antecipando, assim, o que seria posteriormente formalizado com o Tratado de Maastricht de 1992. Até porque a "tutela dos direitos fundamentais constitui parte integrante dos princípios jurídicos gerais dos quais o Tribunal de Justiça garante a observância", e a "salvaguarda desses direitos, sendo inspirada nas tradições constitucionais comuns dos Estados-membros, deve ser garantida no âmbito da estrutura e das finalidades da Comunidade"[27].

---

[23] Caso "*Van Gend en Loos vs. Amministrazione Olandese delle imposte*", Sentença de 5 de fevereiro de 1963, in *Causa 26/62*.
[24] Cfr. o citado caso "*Costa vs. Enel*".
[25] Trata-se do art. 92.
[26] Caso "*Stauder*", Sentença de 12 de dezembro de 1969, in *Causa C-29/69*.
[27] Caso "*Int. Handelsgesellschaft vs. Einführ ecc.*", Sentença de 17 de dezembro de 1970, in *Causa C-11/70*.

No caso "*Les Verts*" chegou-se também a afirmar que a Comunidade Europeia perfaz "uma comunidade de direito no sentido de que, nos Estados que dela fazem parte, sequer as suas instituições estão subtraídas ao controle da conformidade dos seus atos à carta constitucional constituída pelo tratado"[28], com a consequência de que somente à Corte de Luxemburgo cabe "cada possível juízo em tema de delimitação das esferas de competência entre comunidade e Estados"[29], legitimando, assim não apenas a *primauté* do direito europeu sobre o nacional, mas também a *pre-emption*, ou seja, a preclusão de qualquer intervenção estatal em áreas sobre as quais a Comunidade/União tenha exercido a sua competência[30].

A *primauté*, todavia, não coincide com o juízo de validade constitucional que os Estados têm no plano do seu direito interno, no sentido de que a esse não se pode substituir. Portanto, a validade comunitária permanece distinta, mesmo se interligada àquela Estatal. Eis o motivo pelo qual "quaisquer regulamentos postos em vigor nos termos do tratado, deve presumir-se valido até o momento em que o juiz competente não tenha declarado a sua invalidade; essa presunção baseia-se (...) no art. 177 [do Tratado], o qual atribui à mesma Corte a competência de se pronunciar em última instância sobre a validade dos regulamentos"[31].

Por consequência, eventuais antinomias entre fontes europeias e fontes internas se apresentam única e exclusivamente como "reais", porque alheias ao ordenamento nacional e resolvíveis fora dos critérios domésticos das fontes pertencentes àquele dado ordenamento. De resto, o TJUE, a fim de evitar essa situação, e invocando o art. 10 do Tratado da Comunidade Europeia, pelo qual os

---

[28] Sentença de 23 de abril de 1986, in *Causa C-294/83*.
[29] Caso "*Fotofrost-Haptzollamt Lübeck-Ost*", Sentença de 22 de outubro de 1987, in *Causa C-314/85*, eis que não compete aos juízes nacionais considerar inválida uma disposição comunitária.
[30] Caso "*Commissione vs. Regno Unito*", Sentença de 5 maio de 1991, in *Causa C-804/90*.
[31] Caso "*Granaria vs. Hoodfproduktschaft ecc*", Sentença de 13 de fevereiro de 1979, in *Causa C-101/78*.

Estados-membros se obrigam a adotar todas as medidas idôneas para assegurar a execução dos compromissos assumidos nos termos do Tratado e dos atos comunitários, introduziu a obrigação de interpretar o direito nacional de modo tal a assegurar o respeito ao direito comunitário, aí compreendida a própria jurisprudência do TJUE[32].

Essa obrigação de "interpretar adequadamente" torna *objetiva* a relação entre os dois ordenamentos, sem deixar espaço a margens subjetivas de valoração e de oportunidade, como, ao contrário, sucede na lógica *Pick and Choose*. Eis, então, que a "transposição no direito nacional de uma diretiva não implica necessariamente a reprodução precisa e textual das suas disposições em uma norma interna expressa e específica: pode ser suficiente o contexto jurídico *geral*, desde que este garanta efetivamente a plena aplicação da diretiva de modo claro e específico"[33], e possa também responder às expectativas subjetivas de "adequação" comunitária, eis que "em todos os casos em que algumas disposições de uma diretiva aparecem, do ponto de vista substancial, incondicionadas e suficientemente precisas, os indivíduos podem fazê-las valer diante os juízes nacionais contra o Estado, quer este não tenha tempestivamente recebido a diretiva, quer a tenha recebido de modo inadequado"[34]. Ademais, quando "uma diretiva destina-se a atribuir direitos aos particulares, as providências adotadas para a sua transposição devem não apenas vincular as autoridades públicas, mas também permitir aos destinatários conhecer a plena extensão dos seus direitos e, se for o caso, de invocá-los perante os tribunais nacionais"[35].

---

[32] Caso "*Faccini Dori vs. Recreb Srl*", Sentença de 14 de julho de 1994, in *Causa C-91/92*.
[33] Caso "*Commissione vs. Italia*", Sentença de 8 de julho de 1987, in *Causa C-262/85*.
[34] Caso "*Fratelli Costanzo vs. Italia*", Sentença de 22 de junho de 1989, in *Causa C-103/88*.
[35] Caso "*Commissione vs. Grecia*", Sentença 10 de fevereiro de 1991, in *Causa C-306/89*.

O resultado desse fenômeno torna-se, então, o seguinte:

> "Quando um Estado-membro viola uma obrigação, que a ele recai por força do art. 189, inciso terceiro, do Tratado, de tomar todas as medidas necessárias para alcançar o resultado prescrito por uma diretiva, a plena eficácia desta norma de direito comunitário exige que seja reconhecido um direito ao ressarcimento quando existirem as três seguintes condições: 1) o resultado prescrito pela diretiva implique na atribuição de um direito a favor dos indivíduos; 2) o conteúdo de tais direitos possa ser individualizado nos termos das disposições da diretiva; 3) quando exista um nexo de causalidade entre a violação da obrigação sob responsabilidade do Estado e o dano imediato aos sujeitos lesados"[36].

A cláusula da *primauté* do direito europeu, contida no originário "Tratado Constitucional" de 2005, não foi reativada pelo novo art. 6° do TUE. Ela, porém, vem anunciada na *Declaração Final n° 17* anexa ao *Ato Final do Tratado de Lisboa* e continua marcada segundo aquela distinção:

> "(...) os tratados e o direito adotado pela União à base dos tratados prevalecem sobre o direito dos Estados-membros (...)".

Essa verificação foi realizada pelas próprias Cortes Constitucionais nacionais, constituindo, também, a base da assim chamada doutrina jurisprudencial dos "contralimites", ou das condições de validade resistentes à *primauté*, em nome dos "princípios fundamentais" dos Estados incidentes sobre os atos comunitários a serem aplicados[37]. A Corte Constitucional italiana, assim argumentou na sentença histórica relativa ao caso "*Granital*":

> "Quando for irredutível a incompatibilidade entre a norma interna e a comunitária, é esta última, em cada caso, que deve

---

[36] Caso "*Francovich vs. Rep. Italiana*", Sentença de 19 de novembro de 1991, in *Causa C- 69/90*.

[37] Para uma resenha, *v.* P. Mengozzi, Corte di giustizia, giudici nazionali e tutela dei principi fondamentali degli Stati membri, in *Dir. Un. Eur.*, 2012, p. 561 ss.

prevalecer (...). As normas comunitárias, por força do art. 11 da Constituição, têm aplicação direta no território italiano, mas permanecem estranhas ao sistema das fontes internas: e se assim é, esse não pode, a rigor da lógica, ser valorado segundo os esquemas predispostos para a solução dos conflitos entre as normas do nosso ordenamento (...). Em cada caso, o fenômeno em questão é distinto da ab-rogação ou de algum outro efeito extintivo ou derrogatório, relativo às normas dentro do mesmo ordenamento estatal (...). Diversamente aconteceria se o ordenamento da Comunidade e o do Estado – e os respectivos processos de produção normativa – fossem compostos em uma unidade. Segundo a Corte, todavia, eles, apesar de coordenados, são distintos e reciprocamente autônomos (...). Fora do âmbito material e dos limites temporais, em que vigora a disciplina comunitária assim configurada, a regra nacional mantém o próprio valor e explica a sua eficácia (...)"[38].

Relativamente ao direito da CEDH, no entanto, não se põem os mesmos problemas, eis não ser ele um direito supranacional de fontes "substitutivas", senão apenas de "interpretações" que "influenciam" no direito interno. Por esse motivo, a Corte Constitucional italiana (como fez com a *Ordinanza n° 150/2012*) pode também assumir *Overruling* da Corte EDH como *ius superveniens*, do qual o juiz comum, ao levantar questões de legitimidade constitucional, deve levar em conta[39], mas sem alterar o sistema dos "precedentes" na escolha dos parâmetros e na forma com que os juízes constitucionais decidem[40].

---

[38] Sentença da Corte Constitucional italiana, de 8 de junho de 1984, n° 170.
[39] Cfr. I. Pellizzone, Sentenza della Corte europea sopravvenuta e giudizio di legittimità costituzionale: perché la restituzione degli atti non convince. Considerazioni a margine dell'Ord. n° 150 del 1012 della Corte costituzionale, in *Rivista AIC*, n° 3, 2012, disponível em: <www.associazionedeicostituzionalisti.it>.
[40] Cfr. criticamente A. Ruggeri, La Corte costituzionale, i parametri «consequenziari» e la tecnica dell'assorbimento dei vizi rovesciata (a margine di Corte cost., n° 150 del 2012 e dell'anomala restituzione degli atti da essa operata con riguardo alle questioni di costituzionalità relative

Também a Corte Constitucional italiana, em decisão mais recente[41] relativa à discussão sobre incorporar no conceito de "legalidade" em "matéria" de direitos humanos não apenas o direito de produção legislativa, mas também o derivado da jurisprudência, aduziu que o "verdadeiro direito" não pode ser senão aquele advindo do Poder Legislativo, e não o que provém da jurisprudência, com redimensionamento de qualquer preeminência da matriz supranacional convencional.

Portanto, no contexto europeu, se verdadeiramente há de se encontrar um *Judicial Branch* das integrações, o caminho para tal parece ser complexo: que seja um diálogo entre juízes para a construção de um *único discurso* de tutela dos direitos humanos. Trata-se de um fenômeno de qualquer modo inédito, felizmente definido por *Verfassungsgerichtsverbund*[42] e provavelmente confirmado pela falta de formalização, no Tratado de Lisboa, do princípio da *primauté*, referido apenas no anexo da *Declaração Final n° 17*[43].

---

alla legge sulla procreazione medicalmente assistita), disponível em: <www.giurcost.it>.

[41] Sentença de 12 de outubro de 2012, n° 230, sobre a qual *v.* A. Ruggeri, Penelope alla Consulta: tesse e sfila la tela dei suoi rapporti con la Corte EDU, con significativi richiami ai tratti identificativi della struttura dell'ordine interno e distintivi rispetto alla struttura dell'ordine convenzionale ("a prima lettura" di Corte cost. n° 230 del 2012), in Id., "*Itinerari*", vol. XVI, cit., p. 460.

[42] A. Voβkuhle, Multilevel Cooperation of the European Constitutional Courts: der Europäische Verfassungsgerichtsverbund, in *6 Eur. Const. L. R.*, n° 2, 2010, p. 175 ss. Para uma explícita referência à tese deste autor como chave de leitura de qualquer "diálogo" entre cortes, *v.* R. Caponi, Dialogo tra Corti: alcune ragioni di un successo, in V. Barsotti & V. Varano (org.), *Il nuovo ruolo delle Corti supreme nell'ordine politico e istituzionale: dialogo di diritto comparato*, Napoli, ESI, 2012, p. 121 ss.

[43] Assim dispõe o Anexo: "A Conferência lembra que, para a jurisprudência constante do Tribunal de Justiça da União Europeia, os tratados e o direito adotado pela União prevalecem sobre o direito dos Estados-membros nas condições estabelecidas pela referida jurisprudência".

6.2. *Judicial Branch* e a proibição de apreciação dos fatos internos

Graças a essa relação "dialógica", nenhum juiz europeu interfere nas decisões e valorações de fatos relativos às demais autoridades jurisdicionais dos outros níveis e contextos envolvidos.

É interessante constatar que tal proibição se verifica justamente no plano da supranacionalidade "substitutiva". De fato, o reenvio prejudicial impede que o TJUE resolva controvérsias relativas à competência dos juízes nacionais, devendo abster-se de qualquer valoração dos fatos relativos à causa[44].

O mesmo, porém, não se pode dizer no que tange ao contexto latino-americano.

O direito convencional da CADH, que se insere no "bloco de constitucionalidade transnacional" *interno* dos Estados, *deve* interferir nas controvérsias internas, mesmo se de natureza não jurisdicional, em nome, como se viu, do exercício do "controle de convencionalidade". Tal interferência se torna, como se nota, uma espécie de instrumento de "política constitucional" sobre os direitos e a democracia na América Latina[45].

Na América Central, a seu turno, a intromissão é também prevista, mas destaca-se o fato de as decisões internacionais *levarem em conta* as disposições internas (legais, constitucionais etc.) dos Estados-partes. Assim é que a Corte CARICOM, *v.g.*, julga *à base* das Constituições nacionais[46]. Por sua vez, a CCJ (nos termos do art. 22, *f*, do seu *Estatuto*) é uma espécie de Corte Constitucional de apelação em matéria de conflitos entre poderes constitucionais estatais ou de "*incumplimiento*" das sentenças nacionais, que julga

---

[44] Assim o TJUE na Sentença de 15 de novembro de 1979, caso "*Denkavit*", in *Causa C-36/1979*.

[45] Trata-se da sugestiva, porém não clara, tese de E. A. Velandia Canosa, *Teoria constitucional del proceso. Derecho procesal constitucional*, Bogotá, Ed. Doctrina y Ley, 2009.

[46] Cfr. o caso "*Pratt and Morgan*", de 2 de novembro de 1993, com relação ao art. 17 da Constituição da Jamaica.

segundo o direito público nacional (mesmo tendo a Corte Suprema da Costa Rica declarado a inconstitucionalidade dessa previsão) por autorização do art. 22, *b*, do *Estatuto* da CCJ, que diz competir ao Tribunal "conhecer das ações de nulidade de descumprimento dos acordos dos organismos do Sistema da Integração Centro-Americana". Tal se dá na América Central pelo fato de ali estar mais presente, como se disse, a memória de um "direito constitucional centro-americano".

Em 2012, a *Sala Constitucional* de El Salvador e a CCJ puseram-se em torno do tema da "última palavra" e do "monopólio" decisional. Duas sentenças (de números 19 e 23, de 5 de junho de 2012) da *Sala Constitucional* da Corte Suprema de Justiça de El Salvador declararam a inconstitucionalidade da eleição de alguns juízes da Corte Suprema pela Assembleia Legislativa do País, à luz dos princípios constitucionais democráticos. A tais decisões seguiu-se o *Expediente* n° 9, de 20 de junho de 2012, da CCJ, suspendendo os efeitos das declarações de inconstitucionalidade da *Sala Constitucional*, tendo a CCJ intervindo no exercício de sua jurisdição exclusiva sobre conflitos constitucionais entre poderes dos Estados-partes no SICA, nos termos dos tratados aos quais El Salvador aderiu. O principal fundamento da intervenção intromissiva da CCJ baseou-se no art. 35 do Protocollo di Tegucigalpa, que assim dispõe:

> "Este Protocolo e seus instrumentos complementares e derivados prevalecerão sobre qualquer Convênio, Acordo ou Protocolo subscrito entre os Estados-membros, bilateral ou multilateralmente, sobre as matérias relacionadas com a integração centro-americana. (...) Toda controvérsia sobre a aplicação ou interpretação das disposições contidas no presente Protocolo e demais instrumentos a que se referem o parágrafo anterior, deverá ser submetida à Corte Centro-Americana de Justiça".

Porém, o conflito foi suscitado assumindo como parâmetro de referência para a sua solução tanto o direito comunitário centro-americano, em particular o Protocolo de Tegucigalpa e o Tratado Quadro de Segurança Democrática na América Central, quanto as *disposições constitucionais* de El Salvador. Não obstante essa decisão "supranacional", a *Sala Constitucional* de El Salvador procedeu a uma declaração de *Inaplicación* da decisão da CCJ, por entender que lhe cabe, *inter alia*, "delimitar as funções e competências da jurisdição constitucional em um Estado de Direito; (...) expressar os aspectos constitucionais que estão à base do cumprimento das sentenças da Sala Constitucional como Tribunal Constitucional; (...) fazer alusão aos conflitos entre órgãos, a partir de uma perspectiva processual e sob o ponto de vista do controle jurídico da constitucionalidade das leis; aspectos argumentativos que se relacionarão com a repartição de competências admitida pelo art. 89 da Constituição Nacional, em um processo de integração; e, finalmente, (...) *julgar a constitucionalidade da atuação da CCJ*, a fim de verificar se se encontra dentro do âmbito de competência que o Direito da Integração habilita para dita disposição constitucional".[47]

A Corte Centro-Americana intervém reivindicando o próprio "monopólio" constitucional sobre os conflitos constitucionais entre os poderes do Estado, à luz da estrutura específica do processo de integração regional centro-americano, fundado, como se disse, na competência "constitucional" dos juízes supranacionais; e, a tal escopo, no caso citado, interpretou *de per se* a Constituição salvadorenha. A *Sala Constitucional*, por sua vez, negou o efeito útil da decisão judicial supranacional da CCJ, em nome de uma *sua* interpretação das disposições constitucionais referentes àquele processo de integração.

A consequência disso é a persistência de uma situação de impasse constitucional, alimentada, entre outros, pela evocação dos princípios constitucionais sobre os quais cada parte se considera detentora da "última palavra"[48].

---

[47] Inconstitucionalidade 19-2012, p. 2.
[48] V. L. P. Castillo Amaya, Conflicto constitucionales e integración regional: la CCJ y El Salvador, in M. Carducci & P. Riberi (org.), *La dinamica delle integrazioni regionali latinoamericane*, Torino, Giappichelli, 2014, p. 109 ss. Para outros exemplos de conflitos no contexto centro-americano, v. C. E. Salazar

Aqui se coloca a questão do respeito ao papel dos juízes, dos poderes estatais e dos organismos supranacionais, quando um conflito interorgânico se transforma em um conflito interpretativo sobre os tratados de integração regional[49]. O conflito nacional entre poderes nasce de fatores *endógenos* (no caso, a interpretação da Constituição de El Salvador), mas aparece como "supranacionalizado" para ser depois novamente "nacionalizado" em sede de controle de legitimidade constitucional, à diferença do que ocorre na Europa, onde se presencia exatamente o contrário: o conflito entre poderes nasce de fatores *exógenos* (supranacionais), mas permanece inteiramente *dentro* dos recursos jurisdicionais e constitucionais dos Estados[50].

A disputa desse "monopólio", além do mais, ignora a "matéria" da tutela dos direitos humanos, único real "elemento determinante" das construções tridimensionais contemporâneas, para se ater ao plano político das relações entre poderes (nacionais e supranacionais) e à sua recíproca (des)legitimação.

6.3. *Judicial Branch* e "efeitos do sistema"

Quais são os "efeitos do sistema" da tridimensionalidade? Em outras palavras, quais alterações valorativas sobre as estruturas dos Estados esse processo produz? É ele capaz de incidir sobre a dinâmica interna da democracia? Interfere na rigidez constitucional quando, ao ampliar o espectro dos direitos humanos, modifica limites ou possibilidades de revisão constitucional e alarga a área da discricionariedade judicial na construção da linguagem cons-

---

Grande, E. N. Ulate Chacón, *Manual de derecho comunitario centroamericano*, cit., p. 278 ss.

[49] Sobre os riscos da suraposição semântica entre conflitos constitucionais e conflitos interpretativos, *v.* R. Bin, *L'ultima fortezza. Teoria della Costituzione e conflitti di attribuzione*, Milano, Giuffrè, 1996, p. 79 ss.

[50] No que tange à Alemanha, *v.* M. Bonini, Il BVergG, giudice costituzionale o "signore dei Trattati"?, in *Rivista AIC*, n° 4, 2012, disponível em: <www.associazionedeicostituzionalisti.it>.

titucional[51]? Qual é, afinal, o *Judicial Branch* que resolve eventuais conflitos interpretativos ou decisórios sobre tais interrogações[52]?

Aqui, também, emergem distinções bastante nítidas entre o modelo europeu e o latino-americano. Certamente a Corte EDH não parece assumir as vestes de titular da "última palavra" sobre os conflitos do "sistema"[53]. Em sua jurisprudência, verificado no caso *"Zielinski, Pradal, Gonzalez et autres vs. France"*[54], chega-se a considerar uma lei, não declarada inconstitucional pelo *Conseil Constitutionnel*, como contrária à CEDH, mas sem adentrar no mérito das discussões domésticas sobre as escolhas constitucionais perseguidas. A Corte IDH, no entanto, assim o fez, e sob duas frentes:

• chegando a solicitar explicitamente modificações não apenas de natureza legislativa, mas também de caráter constitucional, como nos casos *"Castillo Petruzzi vs. Peru"*[55] e, sobretudo, no caso *"A última tentação de Cristo vs. Chile"*[56];

• verificando não só o conteúdo das Constituições nacionais, mas também a jurisprudência constitucional dos Estados relativamente à sua conformidade com a jurisprudência convencional

---

[51] Sobre a relevância dessa questão na perspectiva analítica da linguagem constitucional e na sua utilização jurisprudencial, *v*. a síntese de P. Chiassoni, *Positivismo giuridico. Una investigazione analitica*, Modena, Mucchi, 2013, p. 58 ss.

[52] Sobre a relevância dessas questões na perspectiva do transconstitucionalismo, *v*. P. de Vega García, *Giuspositivismo e positivismo giurisprudenziale*, trad. it., Lecce-Cavallino, Pensa, 2005, e M. Kumm, Costituzionalismo democratico e diritto internazionale: termini del rapporto, in *Ars Interpretandi*, vol. XIII, 2008, p. 101 ss.

[53] No mérito, remeta-se à construção de F. Sudre, *Droit européen et international des droits de l'homme*, Paris, PUF, 2009, sobre o papel da CEDH no plano dos Estados-partes e sua relação com a rigidez constitucional dos ordenamentos estatais.

[54] 1999-VII 28.10.99.

[55] Sentença de 30 de maio de 1999, Série C, nº 52

[56] Sentença de 5 de fevereiro de 2005, Série C, nº 73. *V*. também A. Gomez-Robledo, Caso "La última tentación de Cristo" (Olmedo Bustos y Otros) vs. Chile. Sentencia del 5 de frebrero de 2001, in *Cuestiones Constitucionales*, 25, 2011, p. 333 ss.

supranacional e ao controle de convencionalidade, como no caso "*Castañeda Gutman vs. Estados Unidos Mexicanos*"[57].

Como se nota, por meio de um "caminho convencional" (para imitar a fórmula do "caminho comunitário" dos tribunais europeus relativamente à Comunidade Europeia/União Europeia) a Corte IDH passou de "juiz do direito constitucional" das relações supranacionais para "juiz constitucional" propriamente dito.

Tal se podia constatar desde as opiniões consultivas da Corte IDH dos anos oitenta, relativas ao conceito de "lei" referido pela Convenção Americana, não como simples ato formal proveniente do poder legislativo nos moldes estabelecidos pelas Constituições nacionais, mas como vocábulo de sentido histórico e lógico de limitação dos poderes frente aos direitos dos cidadãos[58]: tudo é fiscalizável por parte da Corte IDH enquanto tudo representa um "poder" que pode ser prejudicial aos direitos humanos. De fato, se no caso "*Boycé y otros vs. Barbados*"[59] se afirmava a necessidade do "controle de convencionalidade" *também* das disposições constitucionais dos Estados-membros (na espécie, a Constituição de Barbados), deixando, porém, à jurisdição interna (no caso, à *Corte de Justiça do Caribe*) a tarefa de estabelecer "logicidade" e "coerência" das disposições constitucionais relativamente ao conteúdo da CAHD, no caso "*Castañeda Gutman vs. Estados Unidos Mexicanos*" chegou-se ao controle da jurisprudência constitucional doméstica de um Estado sem passar por nenhum filtro de prejudicialidade: como se a Corte IDH fosse, de fato, o "tribunal constitucional supranacional" da região; o *Judical Branch* do sistema, responsável não por estabelecer um "*standard* comum" entre os Estados-membros (como ocorre com as "tradições constitucionais comuns" no âmbito da UE), mas a fixação unilateral

---

[57] *Excepciones preliminares, Fondo, Reparaciones y Costas*, 6 agosto 2008. Cfr. J. U. Carmona Tinoco, El caso Jorge Castañeda Gutman vs. Estados Unidos Mexicanos ante la Corte Interamericana de Derechos Humanos, in *Anuario Mex. Der. Int.*, vol. IX, 2009, p. 775 ss.
[58] Opiniões consultivas OC-5/1985 e OC-6/1986.
[59] De 20 de setembro de 2007, Série C, nº 169.

do "*standard* essencial" para agir em conformidade com a CADH e a sua jurisprudência[60].

Não se equivoca, então, quem observa não se tratar propriamente de um "caminho", senão de uma "metamorfose" das sentenças da Corte IDH, em função da edificação de um "monólogo" interamericano estabelecido pela Corte de San José[61].

Nesse "monólogo", a Corte IDH chega até mesmo a fixar verdadeiros *Political Criteria* sobre as estruturas das democracias dos Estados. Foi o que ocorreu no caso "*Gelman vs. Uruguay*"[62], em que se lê:

> "O fato de que a *Ley de Caducidad* tenha sido aprovada em um regime democrático e também ratificada e respaldada pelo povo em duas ocasiões não concede, automaticamente ou por si só, legitimidade ante o Direito Internacional"[63].

E isto porque:

> "A legitimação democrática de determinados fatos ou atos em uma sociedade está limitada pelas normas e obrigações internacionais de proteção dos direitos humanos reconhecidas em tratados como a Convenção Americana, de modo que a existência de um verdadeiro regime democrático está determinada por suas características tanto formais quanto substanciais, pelo que, particularmente em casos de graves violações às normas do Direito Internacional dos Direitos Humanos, a proteção dos

---

[60] Sobre a plausibilidade ou não dessa perspectiva na Europa, com relação à CEDH e à eventualidade de um conflito entre interpretações conforme à Constituição e conforme a jurisprudência supranacional, v. B. Randazzo, *Giustizia costituzionale sovranazionale*, cit., p. 227.

[61] Cfr. J. E. Herrera Perez, Control judicial internacional de DDHH sobre la actividad jurisdiccional interna de los Estados. ¿Una cuarta Instancia?, in *Horizontes contemporáneos del Derecho procesal constitucional. Liber amicorum Néstor Pedro Sagüés*, Tomo II, cit., p. 773.

[62] Sentença de 24 de fevereiro de 2011, Série C, nº 221.

[63] "*Gelman vs. Uruguay*", parágrafo 238.

direitos humanos constitui um limite absoluto à regra da maioria, é dizer, à esfera do 'suscetível de ser decidido' por parte das maiorias nas instâncias democráticas, nas quais também deve primar um 'controle de convencionalidade' (...), que é função e tarefa de qualquer autoridade pública e não apenas do Poder Judiciário"[64].

Assim fazendo, porém, a *Embeddedness* da supranacionalidade convencional assume significado prescritivo para a própria conformação dos poderes estatais, com perigosos efeitos de *Disaggregation*[65] da arquitetura constitucional dos Estados-membros. Até porque a Corte Interamericana continua a argumentar com base em suas próprias visões da democracia como "modelo" a ser definitivamente imposto aos Estados-membros[66]. Isso explica o motivo de a Corte Suprema do Uruguai ter se rebelado contra tal interferência supranacional advinda da decisão proferida no caso "*Gelman*". A Corte uruguaia, na Sentença nº 20, de 22 de fevereiro de 2013, decidiu, assim, não aderir ao aparato argumentativo da Corte IDH sobre o alcance constitucional do "controle de convencionalidade".

Dois os pontos importantes evidenciados pela Corte Suprema do Uruguai:

1) se não há dúvidas de que a Corte IDH é a intérprete última da CADH, é igualmente indubitável que o intérprete último da Constituição da República Oriental do Uruguai não pode ser senão a sua Corte Suprema de Justiça;

2) o juiz constitucional interno não reivindica para si um "contralimite", mas simplesmente constata a ausência de quaisquer dis-

---

[64] "*Gelman vs. Uruguay*", parágrafo 239.
[65] L. R. Helfer & A.-M. Slaughter, Toward a Theory of Effective Supranational Adjudication, in *Yale L. J.*, 1997, p. 273 ss.
[66] V. o caso do "*Tribunal Constitucional (Camba Campos y Otros) vs. Ecuador*". Excepciones Preliminares, Fondo, Reparaciones y Costas. Sentença de 28 de agosto de 2013, Série C, nº 268.

posições constitucionais que obriguem as autoridades domésticas a se submeter aos ditames de uma corte supranacional[67].

Afinal de contas, a sentença da Corte uruguaia denuncia a exigência de uma *Emdeddedness* aberta na dinâmica convencional dos direitos humanos na América Latina: a abertura entre respeito do nível político interno e argumentação supranacional, a qual se encontra na Europa[68] com o *Majoritarian Approach* do TJUE inspirado nas "tradições constitucionais comuns". A abertura, de fato, permite que se elaborem interpretações não *contra* os Estados, mas *a consenso* dos Estados, em termos de compartilhamento de experiências legislativas e jurisprudenciais internas aos mesmos, às quais não se subtrai sequer a Corte EDH[69].

A Corte IDH, no entanto, parece considerar-se legitimada a se subtrair de qualquer "equilíbrio" *com* e *entre* as identidades constitucionais dos Estados-membros, como também à mesma compara-

---

[67] Na doutrina, cfr. D. E. Ochs Olazábal, El fallo de la Corte Interamericana de Derechos Humanos Gelman con Uruguay, in *IV La Ley Uruguay*, n° 7, 2011, e M. Blengio Valdés, Corte Interamericana de Derechos Humanos. Caso Gelman vs. Uruguay, in *Rev. Der. Público F.C.U.*, Montevideo, n° 39, 2011.

[68] N. Kirsch, The Open Architecture of European Human Rights Law, in *Modern L. Rev.*, 2008, p. 183 ss.

[69] Como o aparato argumentativo da "margem de apreciação" da Corte EDH, não obstante a ambiguidade dessa técnica e seus "lados obscuros", porque às vezes parecem prevalecer, nas argumentações da Corte de Estrasburgo, valorações de oportunismo político e não de reconhecimento argumentado de especificidades constitucionais estatais. Sobre tais problemas, *v.* T. A. O'Donnel, The Margin of Appreciation Doctrine: Standards in the Jurisprudence of the European Court of Human Rights, in *4 Human Rights Quart.*, n° 4, 1981, p. 478 ss; S. Greer, The Interpretation of the European Convention on Human Rights: Universal Principle or Margin of Appreciation?, in *3 UCL Human Rights Rev.*, 2010, p. 1 ss; M. R. Hutschinson, The Margin of Appreciation Doctrine in the European Court of Human Rights, in *48 Int.'l Comp. L. Quart.*, 1999, p. 643 ss; M. Delmas-Marty & M.L. Izorche, Marge nationale d'appréciation et internationalisation du droit. Réflexions sur la validité formelle d'un droit commun pluraliste, in *RIDC*, n° 4, 2000, p. 766 ss; G. Letsas, Two Concepts of the Margin of Appreciation, in *26 Oxford J. Legal St.*, n° 4, 2006, p. 711 ss; e J. Gerards, Pluralism, Deference and the Margin of Appreciation Doctrine, in *Eur. L. J.*, 2011, p. 113 ss.

ção dos equilíbrios efetuados pelas jurisprudências constitucionais domésticas, pelo exclusivo motivo de decidir sobre "matéria" de direitos humanos. Por outro lado, se se adota uma visão da supranacionalidade como disponibilidade subjetiva do *Amparo Interamericano*, não se pode negar a qualquer cidadão a possibilidade de reivindicar, como *petitum* supranacional, alterações normativas até de natureza constitucional em um dado Estado, filtrando o procedimento democrático por meio do simples exercício do peticionamento ao contencioso internacional.

Esse "constitucionalismo solitário", muito próximo das visões do neoconstitucionalismo[70], vê no juiz, sobretudo o juiz "supranacional", o motor de arranque da difusão do direito à democracia, sobretudo naqueles lugares, diferentemente do que ocorre na Europa, em que os juízes supranacionais ou internacionais não podem apelar para as "tradições constitucionais comuns aos Estados-membros".

Entre outras coisas, a inversão de perspectiva relativamente à Europa – onde a tridimensionalidade pressupõe precisamente a

---

[70] Trata-se, em outros termos, das linhas que emergem do debate entre *neo-constitucionalismo* (articuladamente difuso na América Latina: cfr. M. Petters Melo, Neocostituzonalismo e "Nuevo Constitucionalismo" in America latina, in *Dir. Pubbl. Comp. Eur.*, vol. II, 2012, p. 342 ss) e constitucionalismo *político* ou *"Political"/"Popular" Constitutionalism* (também presente não só no contexto euro/norte-americano, mas no latino-americano). Para o contexto euro/norte-americano sobre o tema do constitucionalismo "político", as referências obrigatórias partem do trabalho de J. Griffith, The Political Constitution, in *Modern L. Rev.*, 1979, p. 1 ss, passando para as teorias inglesas do *"Political Constitutionalism"* (em síntese: R. Bellamy, *Political Constitutionalism*, Cambridge, Cambridge Univ. Press, 2007) e às estadunidenses do *"Popular Constitutionalism"*, estas últimas, em verdade, menos atentas ao fenômeno da normatividade supranacional (cfr. especialmente L. Kramer, *The People Themselves. Popular Constitutionalism and Judicial Review*, Oxford, Oxford Univ. Press, 2004), e no debate sobre supranacionalidade europeia (cfr. E. Stein, Lawyers, Judges and the Making of a Transnational Constitution, in *75 Am. J. Comp. L.*, 1981, p. 1 ss). Para o contexto latino-americano, *v.* P. Riberi, Derecho y política: tinta y sangre, in R. Gargarella (coord.), *La Constitución en 2020*, Buenos Aires, Siglo XXI, 2011, p. 240 ss.

existência das "tradições constitucionais comuns" a serem respeitadas, e que se inspiram na jurisprudência "dialógica" sobre os vários níveis de integração (como atestam os artigos 4.2 e 6º do TUE, bem como a elaboração da "margem de apreciação" por parte da Corte EDH) – é também comprovada pelo recente *Compromisso Democrático da Unasul*, de 26 de novembro de 2010[71]. De fato, o documento se preocupa não apenas em "salvaguardar" as identidades nacionais domésticas, mas em sancionar a "ruptura ou ameaça de ruptura da ordem democrática" dentro dos Estados (art. 4º), na consciência da ainda não consolidada força democrática própria das instituições domésticas, incluídas aquelas judiciárias, pondo-se, dessa maneira, em contiguidade com disposições regionais mais antigas, como o art. 2º da *Carta Democrática da OEA*, o art. 4º do *Protocolo sobre Compromisso da CAN com a Democracia*, e o art. 5º do *Protocolo de Ushuaia* do Mercosul, ainda que as fórmulas vagas e lacônicas da Unasul (o art. 1º do *Compromisso* fala de "qualquer situação que ponha em risco o legítimo exercício do poder e a vigência dos valores e princípios democráticos") mantenham abertos aqueles espaços de discricionariedade interpretativa que também a Corte IDH pretendeu reservar para si.

No âmbito da tridimensionalidade europeia, a problemática da legitimação democrática das escolhas de cada nível envolvido não constitui, de maneira alguma, objeto de disputa ou de reivindicações de "primados" ou de "monopólios". Tal fica nitidamente demonstrado na sentença alemã sobre o Tratado de Maastricht, quando assim dispôs:

> "É inadmissível a contestação do recorrente de que os seus direitos fundamentais estariam prejudicados porque não estão garantidos pelos órgãos alemães a título de direitos fundamentais europeus (...). A abertura rumo à integração europeia (...) tem como consequência que violações de importantes direitos

---

[71] Para uma análise crítica, *v.* S. Abreu Bonilla & A. Pastori Fillol, El Protocolo adicional al Tratado constitutivo de UNASUR sobre Compromiso con la Democracia: otro ejemplo de desprolijidad jurídica en la integración latino-americana, in J. Roy (Comp.), *Después de Santiago*, cit., p. 169 ss.

fundamentais podem derivar também de órgãos europeus e, correspondentemente, uma tutela dos direitos fundamentais deve ser plenamente garantida (...). O Tribunal Constitucional alemão exerce a sua jurisdição sobre a aplicabilidade, na Alemanha, do direito comunitário derivado em uma 'relação de cooperação' com a Corte de Justiça Europeia, em que a Corte de Justiça garante a tutela dos direitos fundamentais em cada caso individual dentro do território da Comunidade Europeia, podendo o Tribunal Constitucional alemão limitar a uma garantia geral dos *standards* irrenunciáveis de defesa dos direitos fundamentais na Alemanha (...)"[72].

Os tratados europeus também não consentem que se estipulem disputas ou reivindicações de monopólios. O Tratado de Amsterdã de 1997 fixa os novos "*standards* constitucionais comuns" da Europa como *Political Criteria* da integração, assim:

- Art. 2°: "A União funda-se nos valores do respeito pela dignidade humana, da liberdade, da democracia, da igualdade, do Estado de Direito e do respeito pelos direitos do homem, incluindo os direitos das pessoas pertencentes a minorias. Estes valores são comuns aos Estados-membros, numa sociedade caracterizada pelo pluralismo, a não discriminação, a tolerância, a justiça, a solidariedade e a igualdade entre homens e mulheres".
- Art. 49: "Qualquer Estado europeu que respeite os valores referidos no artigo 2° e esteja empenhado em promovê-los pode pedir para se tornar membro da União. O Parlamento Europeu e os Parlamentos nacionais são informados desse pedido. O Estado requerente dirige o seu pedido ao Conselho, que se pronuncia por unanimidade, após ter consultado a Comissão e após aprovação do Parlamento Europeu, que se pronunciará por maioria dos membros que o compõem".
- Art. 8°: "1. A União desenvolve relações privilegiadas com os países vizinhos, a fim de criar um espaço de prosperidade e boa vizinhança, fundado nos valores da União e caracteriza-

---

[72] Sentença de 12 outubro de 1993, in *BVerfGE* 89, p. 115.

do por relações estreitas e pacíficas, baseadas na cooperação. 2. Para efeitos do nº 1, a União pode celebrar acordos específicos com os países interessados (...)".

Não as consentem tampouco o TJUE, ancorado na consideração das "tradições constitucionais comuns" e das "identidades" dos Estados[73]. Por sua vez, a Corte EDH se fez promotora de uma difusão de métodos de "democracia deliberativa" como premissa de verificação da efetividade dos direitos humanos[74]. Explica-se, então, o art. 7º do TUE, por meio do qual "o Conselho, deliberando por maioria qualificada de quatro quintos dos seus membros, e após aprovação do Parlamento Europeu, pode verificar a existência de um risco manifesto de violação grave dos valores referidos no artigo 2º por parte de um Estado-membro", ou seja, os princípios da liberdade, democracia, respeito aos direitos humanos e ao Estado de Direito. Essa disposição pressupõe uma "homogeneidade constitucional" entre os Estados-membros, em razão do que é possível "comunitarizar" a garantia e a tutela dos princípios supremos do Estado como "violação" de tal "homogeneidade", não como "ingerência" nas relações de um Estado-membro.

---

[73] Cfr. S. Ninatti, *Giudicare la democrazia? Processo politico e ideale democratico nella giurisprudenza della Corte di giustizia europea*, Milano, Giuffrè, 2004.

[74] Cfr. M. Starita, Democrazia deliberativa e Convenzione europea dei diritti umani, in *Dir. Umani e Dir. Int.*, nº 2, 2010, p. 275 ss.

Capítulo 7

A Função "Constitucional" da Prejudicialidade Supranacional

Um derradeiro elemento de distinção entre as duas realidades tridimensionais euro-americanas reside na existência e no funcionamento do mecanismo da chamada "prejudicialidade" entre ordenamentos nacionais e supranacionais.

No contexto europeu, o *reenvio prejudicial* dos juízes nacionais ao TJUE assume notada relevância constitucional por duas razões, quais sejam:

> • evita o surgimento de conflitos de autoridade entre os vários atores do processo de integração, não apenas prevenindo o surgimento dos conflitos, mas, sobretudo, endereçando o conteúdo da relação em tema de interpretação jurídica, e não sobre questões políticas;
>
> • favorece o conhecimento recíproco entre os vários ordenamentos jurídicos envolvidos no processo de integração, no sentido de atenuar as "dissonâncias cognitivas" entre os tribunais pertencentes ao circuito judiciário europeu[1].

---

[1] Nesse sentido, *v.* a tese de M. Dani, Il diritto pubblico europeo, cit., p. 247 ss e p. 385 ss, a qual, entre outras, inspira-se nas citadas análises de A. Voßkuhle, Multilevel Cooperation, cit., p. 196.

Não por acaso, hoje grande parte dos tribunais constitucionais europeus recorrem a tal instrumento não para se "submeter" ao juiz europeu, mas para participar do "diálogo" que o instrumento da prejudicialidade possibilita[2].

Nas integrações regionais latino-americanas, a morfologia dos tratados não milita a favor da inequívoca função desse mecanismo (pelo menos por enquanto). De fato, o mecanismo da prejudicialidade, tal como existente na Europa, não aparece como obrigação convencional de o juiz nacional (tribunal interno) *consultar* o juiz internacional (tribunal internacional) a respeito de uma questão prevista no tratado comunitário e de cuja solução está a depender para o deslinde de um caso concreto.

A questão, de fato, é ainda nebulosa no contexto latino-americano. Porém, pode-se tentar visualizar uma (pretendida) "supranacionalidade" nos documentos do Mercosul, isso não significando, em absoluto, que se está diante de um *verdadeiro* sistema jurídico tridimensional no âmbito mercosulino, minimamente comparável ao existente no contexto da integração europeia.

A esse respeito, um exemplo útil se encontra no Tratado de Assunção, de 26 de março de 1991, que prevê:

---

[2] Para a Espanha, *v.* A. Aguilar Calahorro, La primera cuestión prejudicial planteada por el Tribunal Constitucional al Tribunal de Justicia de la Unión Europea. Auto del Tribunal Constitucional 86/2011, de 9 de junio, in *Rev. Der. Const. Eur.*, nº 16, 2011; para a França, *v.* M. Dicosola, Il primo rinvio pregiudiziale del Conseil constitutionnel alla Corte di giustizia: cooperazione tra Corti e interazione tra ordinamenti nel sistema multilivello europeo, in *Dir. Pubbl. Comp. Eur.*, vol. III, 2013, p. 1.083 ss; para a Itália, *v.* L. Uccello Barretta, La Corte costituzionale e il rinvio pregiudiziale nel giudizio in via incidentale (nota a Corte cost. Ord. nº 207/2013), in *Osservatorio AIC*, novembro 2013, disponível em: <www.associazionedeicostituzionalisti.it>; e para a Alemanha, *v.* G. Delledonne, La "prima volta" di Karlsruhe: il rinvio pregiudiziale relativo alle Outright Monetary Transactions, in *Commenti Centro Studi sul Federalismo*, nº 25, 2014, disponível em: <www.csfederalismo.it>, e A. De Petris, *Un rinvio pregiudiziale sotto condizione?*, disponível em: <www.federalismi.it>, nº 4, 2014.

"A República Argentina, a República Federativa do Brasil, a República do Paraguai e a República Oriental do Uruguai, doravante denominados 'Estados Partes'; Considerando que a ampliação das atuais dimensões de seus mercados nacionais, através da integração, constitui condição fundamental para acelerar seus processos de desenvolvimento econômico com justiça social (...). Acordam: (...) A livre circulação de bens, serviços e fatores produtivos entre os países, através, entre outros, da eliminação dos direitos alfandegários e restrições não tarifárias à circulação de mercadorias e de qualquer outra medida de efeito equivalente; O estabelecimento de uma tarifa externa comum e a adoção de uma política comercial comum (...). O compromisso dos Estados Partes de harmonizar suas legislações, nas áreas pertinentes, para lograr o fortalecimento do processo de integração".

O Protocolo de Ouro Preto, de 17 de dezembro de 1994, acrescenta, no art. 38, que os "Estados Partes comprometem-se a adotar todas as medidas necessárias para assegurar, em seus respectivos territórios, o cumprimento das normas emanadas dos órgãos do Mercosul previstos no artigo 2 deste Protocolo", concluindo, no art. 40, que "a fim de garantir a vigência simultânea nos Estados Partes das normas emanadas dos órgãos do Mercosul... *i*) uma vez aprovada a norma, os Estados Partes adotarão as medidas necessárias para a sua incorporação ao ordenamento jurídico nacional (...)".

O art. 42 do Protocolo de Ouro Preto consagra formalmente a "supranacionalidade", enquanto apenas as Constituições da Argentina (art. 75, n° 24) e do Paraguai (arts. 103, 143 e 145) aceitam explicitamente o *ingresso* do Estado nas integrações supranacionais e, especificamente, no Mercosul.

Como, porém, esse "ingresso" se realiza não está disciplinado de modo claro em nenhuma fonte, salvo algumas tentativas da doutrina e da jurisprudência em tentar compreender o fenômeno. De fato, certa doutrina entende que se deve trazer à baila diretamente a CAHD, especialmente os seus arts. 24 (igualdade perante a lei) e 28(3) (a chamada "cláusula federativa"), para afirmar a necessidade "convencional" da adequação do direito regional do

Mercosul à CADH, e, por consequência, a *primauté* do primeiro sobre os Estados inadimplentes, com a consequência de que a "prejudicialidade" se tornaria de fato necessária e, portanto, obrigatória e vinculante na perspectiva da harmonização interna e regional dos ordenamentos jurídicos integrados[3]. Enquanto isso, no plano jurisprudencial, uma recente tomada de posição do *Tribunal Permanente de Revisão* do Mercosul (*TPR*), no caso da decisão de suspensão do Paraguai do bloco e de ingresso da Venezuela[4], induziu à reivindicação da competência "preventiva" do *TPR* e à sua "prevalência" sobre quaisquer autoridades nacionais[5]. Essas tentativas, contudo, não foram capazes de demonstrar a existência de um *mecanismo* formal de ingresso do Estado nas integrações supranacionais no plano do Mercosul.

Na Europa, ao contrário, tanto os tratados[6] como a jurisprudência[7] evidenciam claramente três características sobre *como*:

---

[3] Essa é a tese de Jorge Luis Salomoni, Procedimiento administrativo y Mercosur. Una aproximación a los principios emergentes de los distintos ordenamientos aplicables, in *Actualidad en el Derecho Público*, vol. 8, Buenos Aires, Ad-Hoc, 1998, p. 95 ss.

[4] Trata-se do Laudo nº 1/2012. Sobre este caso, *v.* V. Mazzuoli, *Curso de direito internacional público*, 8ª ed., São Paulo, Ed. Revista dos Tribunais, 2014, p. 698 (nota 148).

[5] Cfr. também M. Di Filippo (org.), *Organizzazioni regionali, modello sovranazionale e metodo intergovernativo: i casi dell'Unione europea e del Mercosur*, Torino, Giappichelli, 2012.

[6] Art. 267 do TFUE: "O Tribunal de Justiça da União Europeia é competente para decidir, a título prejudicial:

a) Sobre a interpretação dos Tratados;

b) Sobre a validade e a interpretação dos actos adoptados pelas instituições, órgãos ou organismos da União.

Sempre que uma questão desta natureza seja suscitada perante qualquer órgão jurisdicional de um dos Estados-membros, esse órgão pode, se considerar que uma decisão sobre essa questão é necessária ao julgamento da causa, pedir ao Tribunal que sobre ela se pronuncie.

Sempre que uma questão desta natureza seja suscitada em processo pendente perante um órgão jurisdicional nacional cujas decisões não sejam susceptíveis de recurso judicial previsto no direito interno, esse órgão é obrigado a submeter a questão ao Tribunal.

a) o juiz nacional é obrigado a aplicar nos casos concretos o direito comunitário/europeu;

b) o TJUE é o único que assegura a interpretação uniforme europeia do direito comunitário; e

c) o juiz nacional de última instância, persistindo dúvidas interpretativas ou de validade do direito comunitário, deve dirigir-se ao TJUE.

Na América Latina, por sua vez, a prejudicialidade supranacional, quando presente ou praticada, aparece de três maneiras:

a) de forma "consultiva", como ocorre no Mercosul pela via dos arts. 1º e 2º do Regulamento do *Protocolo de Olivos*, julgados pelo *TPR* como "não conformes" aos tratados do Mercosul[8] e como causando "dano institucional" à própria integração[9];

b) de forma obrigatória, mas sem sanção em caso de descumprimento, como se dá no SICA, na CARICOM e na CAN[10];

c) de forma consultiva "condicionada", à luz do art. 2.020 do NAFTA, pelo qual um órgão jurisdicional de um Estado-parte

---

Se uma questão desta natureza for suscitada em processo pendente perante um órgão jurisdicional nacional relativamente a uma pessoa que se encontre detida, o Tribunal pronunciar-se-á com a maior brevidade possível".

[7] A partir do caso "*Fotofrost-Haptzollamt Lübeck-Ost*", Sentença de 22 de outubro de 1987, in *Causa C-314/85*.

[8] Laudo nº 1/2007, parágrafos B3-B4.

[9] Trata-se, porém, sempre de uma "opinião consultiva": cfr. C. Tuosto, L'evoluzione del sistema di risoluzione delle controversie del Mercosur e "influenze" comunitarie, in P. Pennetta (org.), *L'evoluzione dei sistemi giurisdizionali*, cit., p. 51 ss.

[10] Tal se dessume dos seguintes dispositivos: art. 22, *k*, do Estatuto da CCJ; art. 211 do Tratado CARICOM e arts. XII e XIV do Acordo Institutivo da Corte da CARICOM; art. 33(2) do Protocolo do *TJ*-CAN, mesmo tendo o *Tribunal de Justiça* da CAN, na Causa 106/2009, argumentado a responsabilidade "por omissão do Estado" em caso de falta de respeito às decisões adotadas pela via prejudicial, assumindo como fundamento da decisão o art. 36 do Protocolo de Cochabamba, que impõe aos juízes que se adaptem às disposições dos atos suprancionais.

"pode consultar" a Comissão NAFTA e solicitar uma "resposta", mas apenas por meio da "interposição" dos três Estados contratantes, cada um dos quais pode se opor por meio de veto.

Ressurge, também nessa frente, a já referida dimensão *Pick and Choose*. Em particular, no SICA, o reenvio de prejudicialidade é "facultativo e não obrigatório" e opera sem fazer distinção entre juízes de última instância ou de outras instâncias. Há um *Acordo Quadro* de cooperação entre a CCJ e as Cortes Supremas nacionais, de 3 de outubro de 2007, relativo apenas a El Salvador, Honduras e Nicarágua (ou seja, os três Estados-partes do *Estatuto* da CCJ), que, no art. 3º, disciplina a colaboração recíproca por meio da utilização da "consulta prejudicial", tendente a uniformizar o direito comunitário. Todavia, mais uma vez, o mecanismo é condicionado por algumas contradições normativas. O art. 37 do *Estatuto* da CCJ estabelece que as sentenças da Corte serão obrigatórias "unicamente para as partes, em relação ao caso decidido". O art. 22, *c*, também do *Estatuto*, acrescenta que a Corte tem competência para conhecer, a pedido "de qualquer interessado", acerca das disposições legais, regulamentares, administrativas ou de qualquer outra natureza estabelecidas por um Estado, quando afetem os acordos, tratados ou qualquer outra normativa do direito da integração centro-americana. O art. 22, *d*, por sua vez, esclarece que a CCJ é também um "Tribunal de consulta permanente" das Cortes Supremas dos Estados-partes.

Tudo isso somado parece favorecer a "prejudicialidade" obrigatória por parte dos juízes nacionais de última instância no contexto centro-americano. Porém, na prática, não é assim que as coisas têm acontecido. De fato, apenas uma única vez, em 1995, a *Corte de Justiça* de Honduras aproveitou-se da oportunidade oferecida pelo art. 22, *d*, do *Estatuto* da CCJ. Ao contrário, no caso "*Coto Ugarte*"[11], a CCJ declarou que a verificação da violação interna do direito comunitário seria acionada somente após o exaurimento dos recursos internos. Dessa forma, porém, não é mais a "consulta

---

[11] Sentença de 5 de março de 1998.

prejudicial" que está operando, senão uma "inédita" – porque não expressamente prevista – via "subsidiária" à CCJ, como se esta fosse uma corte internacional similar à Corte IDH.

Em "matéria" de direitos humanos, então, a dinâmica europeia da prejudicialidade assume contornos ainda mais definidos. No caso "*Kücükdeveci*"[12], em "matéria" de proibição de discriminação baseada em idade, chegou-se a afirmar que o juiz nacional deve "garantir o respeito do princípio da não discriminação baseada em idade (...) desaplicando, se necessário, qualquer disposição contrária da normativa nacional, independentemente do exercício da faculdade de que dispõe (...) de submeter à Corte uma questão prejudicial sobre a interpretação de tal princípio".

Relativamente à CEDH, o TJUE, no caso "*Kamberaj*"[13], relativo a uma questão prejudicial solicitada pelo Tribunal de Bolzano sobre a obrigação ou não colocada pelo art. 6° do TUE dos juízes nacionais desaplicarem as normas de direito interno em conflito com a CEDH, decidiu que

> "quando a questão é qualificável como de 'direito da União', o juiz comum nacional não tem a obrigação de desaplicar a norma interna (...) na hipótese de conflito entre os direitos garantidos por tal Convenção [a CEDH] e uma norma de direito nacional. E, de fato, o art. 6° do Tratado não disciplina a relação entre direito da União e ordenamentos internos, sendo os direitos da CEDH princípios gerais de direito da União, nem es-

---

[12] Caso "*Seda Kücükdeveci vs. Swedex GmbH& Co. KG*", in *Causa C-555/07*.

[13] Sentença de 24 de abril de 2012, caso "*Servet Kamberaj vs. Istituto per l'Edilizia Sociale della Provincia autonoma di Bolzano*", in *Causa C-571/10*. Sobre a complexidade desse caso, v. A. Ruggeri, La Corte di giustizia marca la distanza tra il diritto dell'Unione e la CEDU e offre un puntello alla giurisprudenza costituzionale in tema di (non) applicazione diretta della Convenzione (a margine di Corte giust., Grande Sez., 24 abril 2012), in Id., "*Itinerari*", vol. XVI, cit., p. 284 ss, e A. E. Basilico, Disapplicazione di leggi interne contrastanti con la CEDU? Il punto di vista della Corte di giustizia, in *Rivista AIC*, n° 3, 2012, disponível em: <www.associazionedeicostituzionalisti.it>.

tabelece o relevo que a jurisprudência de Estrasburgo tem nos ordenamentos internos".

É em razão disso que, mesmo em face de violações conjuntas de normas da UE e da CEDH, a integração regional da UE opera em todas as frentes para a construção de um ordenamento supranacional de competências, relacionado *também* à "matéria" relativa a direitos humanos[14].

Tal, obviamente, torna extremamente articuladas e potencialmente complexas as capacidades integrativas do reenvio prejudicial[15], como demonstra um recente caso italiano do Conselho de Estado, em que se recorreu ao reenvio prejudicial para rogar um tipo de "interpretação autêntica" dos efeitos internos da própria decisão prejudicial[16].

De qualquer forma, a unidade da integração identifica o fim principal das ações supranacionais a serem realizadas, também por meio do resultado de certos objetivos predeterminados por parte dos Estados, com seus próprios instrumentos internos.

Dessa forma, a supremacia funcional da integração europeia opera sobre *diferenças* para produzir *substituições* e garantir *finalidades* comuns. As técnicas europeias de concretização disso tudo são definitivamente três:

a) a da "redução";

---

[14] Ainda sobre o problema, v. A. Ruggeri, Il rinvio pregiudiziale alla Corte dell'Unione: risorsa o problema? (nota minima su una questione controversa), in *Dir. Un. Eur.*, n° 1, 2012, p. 95 ss.

[15] Na literatura de língua italiana, cfr. S. Foá, *Giustizia amministrativa e pregiudizialità costituzionale, comunitaria e internazionale. I confini dell'interpretazione conforme*, Napoli, Jovene, 2011, R. Ciccone, *Il rinvio pregiudiziale e le basi del sistema giuridico comunitario*, Napoli, Editoriale Scientifica, 2011, e A. D'Alessandro, *Il procedimento pregiudiziale interpretativo dinanzi alla Corte di giustizia. Oggetto ed efficacia della pronunzia*, Torino, Giappichelli, 2012.

[16] Cfr. Conselho de Estado, 5 de março de 2012, n° 4584; e ainda A. Ruggeri, Il Consiglio di Stato e il "metarinvio" pregiudiziale (a margine di Cons. St. n° 4584 del 2012), in Id., *"Itinerari"*, vol. XVI, cit., p. 138 ss.

b) a da "neutralização";

c) a do "compartilhamento".

O mecanismo da supremacia ou *primauté* do direito europeu sobre o direito nacional tem permitido "reduzir" as diferenças, em primeiro lugar, no plano normativo, pois assim se eliminam as "antinomias reais". Trata-se do mais antigo dos mecanismos.

Ao lado disso, a CE/UE também experimentou outros percursos, como, *v.g.*, o assim chamado "juízo de equivalência entre ordenamentos estatais", destinado à "neutralização" das diferenças. A um Estado-membro é proibido obstaculizar a circulação de bens e serviços quando os interesses e tutelas daquele Estado conhecem métodos e técnicas substancialmente análogos (equivalentes) também no Estado de origem. Essa técnica visa evitar duplicações inúteis de regras internas dos Estados-membros, sem proceder à sua substituição direta por parte do ordenamento supranacional. Por tal razão, fala-se também de "concorrência" entre ordenamentos jurídicos estatais, eis que a integração não provém de uma decisão "vinda de cima", sendo resultado do equilíbrio desse confronto horizontal entre Estados[17].

O "compartilhamento", por sua vez, é alcançado por meio do *Verwaltungsverbund*, previsto no art. 197 do TFUE, e opera conectando a dinâmica da integração interordenamental aos instrumentos da "coordenação funcional Estados/UE", por meio de órgãos administrativos (agências etc.).

Essas três modalidades de integração europeia estão sustentadas por três garantias internas à organização CE/UE:

a) a morfologia dos tratados com fundamento na tridimensionalidade, como já se analisou *retro*;

b) o mecanismo obrigatório e vinculante da prejudicialidade (arts. 258, 259 e 267 do TFUE); e

---

[17] Cfr. A. Plaia (org.), *La competizione tra ordinamenti giuridici*, Milano, Giuffrè, 2007.

c) o princípio da subsidiariedade, que remonta ao Tratado de Maastricht de 1992[18].

Na América Latina, não apenas não se praticam essas três modalidades de integração, como evidentemente tampouco funcionam – como na Europa – as três garantias internas aos diversos sistemas regionais existentes.

Tal explica, entre outras coisas, porque a "coisa interpretada" do juiz convencional interamericano prevalece como *Embeddedness* interna dos Estados em face de quaisquer integrações regionais a que pertença.

De resto, ainda que o "controle de convencionalidade" não esteja expressamente codificado em algum ordenamento, é também verdade que nem os tratados regionais nem as Constituições nacionais dos Estados latino-americanos impõem técnicas similares àquelas existentes na Europa.

---

[18] Art. 3º-B: "A Comunidade atuará nos limites das atribuições que lhe são conferidas e dos objetivos que lhe são cometidos pelos do presente Tratado. Nos domínios que não sejam das suas atribuições exclusivas, a Comunidade intervém apenas, de acordo com o princípio da subsidiariedade, se e na medida em que os objetivos da ação encarada não possam ser suficientemente realizados pelos Estados-membros, e possam pois, devido à dimensão ou aos efeitos da ação prevista, ser melhor alcançados ao nível comunitário. A ação da Comunidade não deve exceder o necessário para atingir os objetivos do presente Tratado".

Capítulo 8

Novos Desafios para a Tridimensionalidade Europeia: o Protocolo 16 à Convenção Europeia de Direitos Humanos e a Aplicação da "Carta de Nice"

As dinâmicas da tridimensionalidade europeia encontram-se enriquecidas pela perspectiva de entrada em vigor do *Protocolo 16* à CEDH, que introduz o "reenvio" consultivo à Corte de Estrasburgo sobre a interpretação da CEDH, por parte das mais altas jurisdições de um Estado-parte no âmbito de uma causa *sub judice* perante a jurisdição interna[1].

Tal *Protocolo*, de fato, abre um cenário inédito no panorama europeu, capaz de permitir um diálogo mais próximo entre as jurisdições interna e internacional em matéria de direitos humanos na Europa.

---

[1] E. Crivelli, I protocolli nº 15 e nº 16 alla CEDU: nel futuro della Corte di Strasburgo un rinvio pregiudiziale di interpretazione?, in *Quad. cost.*, nº 4, 2013, p. 1.021 ss.

O *Protocolo 16* à CEDH parece habilitar também os Tribunais Constitucionais a "falar" diretamente com a Corte EDH, permitindo uma viva interação – ou um vivo "diálogo inter-cortes" – de índole internacional e representativo da "tridimensionalidade" estudada nos Capítulos anteriores.

De fato, na sistemática do *Protocolo 16*, os juízes constitucionais não podem ser deixados de lado para o efeito de comporem as autoridades jurisdicionais habilitadas a submeter o reenvio consultivo a Estrasburgo, seja porque eles próprios se reconhecem como legitimados a dialogar com o tribunal europeu (TJUE) no âmbito do reenvio prejudicial previsto pelo TUE, seja pelo fato de a natureza incidental da opinião consultiva não estar apenas voltada para o caso concreto, senão também para todos os outros casos em que a questão possa objetivamente se repetir: haveria ali os caracteres da concretude-abstração do juízo constitucional.

Isso, todavia, poderá gerar riscos de efetivos conflitos de jurisdição[2], ainda que o propósito do instrumento previsto no *Protocolo* não seja o de garantir a "certeza do direito", mas de promover a "certeza dos direitos" no espaço tridimensional europeu[3].

Em outros termos, o objetivo do *Protocolo 16* não é afirmar uma nova *primauté* da CEDH, concorrente com a *primauté* da UE. Ao contrário, deverá servir para harmonizar as formas de reconhecimento e tutela dos direitos humanos na Europa, por consentir o "diálogo" com o juiz de Luxemburgo nos termos do que dispõe o art. 6° do TUE. Sob essa ótica, por consequência, o instrumento poderia levar ao reforço da interpretação "convencionalmente conforme" dos direitos humanos por parte de todos os juízes nacionais dos Estados-partes à CEDH, graças ao recurso do "parecer consul-

---

[2] Sobre o tema, *v.* V. Sciarabba, *Il giudicato e la CEDU. Profili di diritto costituzionale, internazionale e comparato*, Cedam, Padova 2013.
[3] A. Ruggeri, Il giudicato all'impatto con la CEDU, dopo la svolta di Corte cost. n° 113 del 2011, ovverosia quando la "certezza del diritto" è obbligata a cedere il passo alla "certezza dei diritti", in *Legisl. Pen.*, n° 2, 2011, p. 481 ss.

tivo" da Corte EDH, abrindo, assim, as portas à efetiva adesão da UE à CEDH, como admitido pelo próprio art. 6º do TUE.

Nessa nova dinâmica, as Constituições nacionais veriam seguramente reduzidos os próprios espaços de orientação das interpretações jurisprudenciais sobre direitos – interpretações em tudo "estreitas" entre as duas cortes supranacionais, de Luxemburgo e Estrasburgo –, mas manteriam, no entanto, a própria força normativa de afirmação da "identidade constitucional" do Estado de referência, salvaguardada pelo art. 4º(2) do TUE, no momento em que elas, por meio de sua jurisprudência constitucional, estiverem aptas a oferecer uma tutela "mais intensa" de um direito já interpretado por um dos juízes europeus ou por ambos.

Em suma, o novo *Protocolo 16* à CEDH não infringiria a perspectiva da "combinação virtuosa" dos elementos que compõem a tridimensionalidade europeia. Ao contrário, a potencializaria, requerendo dos tribunais constitucionais domésticos a elaboração de uma jurisprudência "progressiva" relativamente às interpretações exaradas pela Corte EDH em seus "pareceres consultivos". Em outras palavras, o *Protocolo 16*, segundo pensamos, poderá contribuir para uma integração "dialógica" entre juízes internos e internacionais na formação de um *corpus juris* jurisprudencial supranacional capaz de uniformizar coerentemente o mosaico de direitos (internos e internacionais) previstos no arcabouço comunitário europeu.

Nesse novo quadro de "diálogo" e de interconexões relativas a direitos humanos, a aplicação do *Protocolo 16* poderia produzir um ulterior efeito sobre a dinâmica da tridimensionalidade europeia: a aplicação horizontal da "Carta de Nice" nos juízos domésticos comuns[4].

Com base no disposto no art. 6º do TUE, a "Carta de Nice" operaria apenas nos conflitos de competência da União Europeia,

---

[4] V. L. Trucco, *Carta dei diritti fondamentali e costituzionalizzazione dell'Unione europea*, cit., p. 138 ss e p. 142 ss, e R. Conti, *Il ruolo dei giudici nazionali e della Corte di Giustizia nell'applicazione e attuazione dei diritti fondamentali in Europa*, in *Quest. giust.*, jan. 2014, p. 88 ss.

não podendo, portanto, ser invocada como parâmetro à solução de controvérsias judiciais domésticas ou de casos baseados em normativa nacional: nem diretamente nem por meio do reenvio prejudicial ao TJUE para a sua aplicação nacional[5].

Com o *Protocolo 16* à CEDH o horizonte de aplicação da "Carta de Nice" poderia mudar. De fato, muitas disposições da "Carta" são substancialmente uma reprodução da CEDH. Por consequência, o juiz nacional poderia promover um reenvio prejudicial ao TJUE solicitando a interpretação de uma disposição da "Carta" no âmbito de uma controvérsia nacional, em razão da presença de uma interpretação da Corte EDH sobre disposição análoga, formalizada em uma "opinião consultiva". O mesmo poderia fazer um Tribunal Constitucional. Seja como for, parece que essa nova sistemática tridimensionaliza a relação jurídica entre o direito interno estatal, as previsões da "Carta de Nice" e as jurisdições do TJUE e da Corte EDH.

O que acontecerá no futuro? O TJUE rejeitará o reenvio prejudicial? Em tal caso, pensamos que o juiz nacional poderá reagir aplicando ao caso concreto exclusivamente o "parecer consultivo" da Corte EDH, ou seja, sem se preocupar com a interpretação da "Carta de Nice", visto que o juiz desta última se refutou a exprimir-se. E no caso inverso, porém? O que poderá ocorrer caso o TJUE se exprima sobre a questão prejudicial relativamente ao conteúdo da "Carta de Nice", fornecendo uma interpretação relativa a um direito fundamental distinta do "parecer consultivo" da Corte EDH? A qual juiz supranacional deverá o juiz nacional baixar a cabeça?

As dúvidas e interrogações não terminam por aqui. O que poderá ocorrer caso um Tribunal Constitucional doméstico recorra conjuntamente ao reenvio prejudicial da UE e ao "parecer" da Corte EDH, agora admitido pelo *Protocolo 16* à CEDH? Com base em

---

[5] Para a jurisprudência do TJUE, v. Grande Seção, 15.01.2014, *Association de médiation sociale vs. Union locale des syndicats CGT (et all.)*. Em particular, v. a decisão de 7 de março de 2013, *Sindicato do Bancários do Norte*, C-128/12, de rejeição do reenvio prejudicial proposto pelo *Tribunal do Trabalho* do Porto (Portugal).

que critério efetuará a sua escolha? E como se comportará o juiz nacional, caso deva aplicar uma sentença constitucional "aditiva" que reconheceu um direito com conteúdo "distinto" daquele expresso em um "parecer consultivo" da Corte EDH? Uma sentença constitucional "aditiva" poderá ser objeto de "parecer consultivo" pela Corte de Estrasburgo[6]?

Como se percebe, está-se diante de horizontes inéditos, que descortinam a ideia da extrema originalidade e complexidade do fenômeno tridimensional europeu, nada comparável a outros contextos regionais de integração.

Parece razoável, no entanto, que se responda às indagações à luz da experiência até agora adquirida na tridimensionalidade europeia. Na experiência da integração tridimensional da Europa nenhum juiz jamais reivindicou a "última palavra" em matéria de direitos humanos. A Corte de Luxemburgo sempre chamou a atenção, como se viu, para a necessidade de que as interpretações dos direitos sejam "funcionais" à permanência e ao reforço do processo de integração. Mas, exatamente por isso, ela sempre preferiu "dialogar" com os juízes nacionais (por meio da referência às "tradições constitucionais comuns") e, sobretudo, com a Corte de Estrasburgo, que é a guardiã da CEDH.

Esse "diálogo" reforçou a "homogeneidade" entre os níveis envolvidos e, ao mesmo tempo, permitiu à Corte EDH argumentar a própria jurisprudência à base do "consenso" dos Estados em relação a tal processo[7].

---

[6] Um caso similar já se apresentou na Itália, com recusa do reenvio prejudicial para o TJUE por parte do Conselho de Estado (Sez. V, 4207/2005); o juiz nacional recusou-se a submeter o reenvio prejudicial ao TJUE relativamente a uma norma italiana fruto de sentença constitucional "aditiva", ao argumento de que, em cada caso, uma adição operada pelo juiz constitucional não poderia ser removida.

[7] G. Raimondi, La controversa nozione di consensus e le recenti tendenze della giurisprudenza della Corte di Strasburgo in riferimento agli articoli 8-11 della Convenzione europea dei diritti dell'uomo, disponível em: <www.europeanrights.eu>.

Como devemos nos comportar diante da interpretação de um direito fundamental "disciplinado" diretamente pela normativa da UE, quando as suas previsões contrastarem com as interpretações da Corte EDH, contidas nos "pareceres consultivos" solicitados pelo juiz nacional? Os juízes nacionais farão valer a *primauté* do direito da UE, "desaplicando" os "pareceres" da Corte EDH? Portanto, havendo direitos humanos cobertos diretamente pela UE, imediatamente aplicáveis, e direitos humanos exclusivamente protegidos pela Corte EDH, existindo antinomias, será admissível o reenvio prejudicial ao TJUE?

Até o momento em que a UE não tenha formalmente aderido à CEDH, como previsto pelo art. 6° do TUE, esta última fronteira da integração tridimensional não parece destinada a produzir respostas definitivas[8]. É verdade, porém, que a arquitetura tridimensional do art. 6° do TUE sustenta uma lógica não contraditória entre todos os níveis envolvidos.

Portanto, o remédio mais razoável para todos esses problemas não pode consistir senão na elaboração de uma interpretação "conforme" euro-convencional, ou seja, orientada quer na jurisprudência da UE, quer na jurisprudência da CEDH[9]: ainda uma vez, um cenário bastante distinto e rico daquele até o momento experimentado na América Latina.

---

[8] P. Gragl, *The Accession of the European Union to the European Convention on Human Rights*, Oxford, Hart Publishing, 2013.
[9] Sobre esses problemas, *v.* E. Malfatti, *I "livelli" di tutela dei diritti fondamentali nella dimensione europea*, com a colaboração de T. Giovannetti & N. Pignatelli, Torino, Giappichelli, 2013.

Conclusão

A comparação entre as duas realidades tridimensionais (europeia e latino-americana) deixa aberto o problema, para ambos os contextos interordenamentais, da insurgência de um *jus commune* por meio das inter-relações dinâmicas dos diversos níveis de tutela pelos juízes, no plano dos circuitos compartilhados de legitimação. Na mesma Europa *multinível* discute-se a necessidade de confiar ou não unicamente na criação jurisprudencial do direito da integração tridimensional.

Alguns formulam o convite a "evitar (…) os riscos de um constitucionalismo irênico que se limite a celebrar os triunfos dos direitos fundamentais graças (…) às jurisdições" e à comunicação dos argumentos judiciais no âmbito de uma espécie de "supermercado dos direitos"[1].

Outros sustentam a ideia de que agora a soberania pertence aos valores na sua objetividade argumentativa e discursiva, desvinculados do *imperium* dos lugares, das autoridades e da hierarquia dos atos: a circulação dos valores, por si só, neutralizaria os

---

[1] Na Itália, essa é a tese de Massimo Luciani, que se encontra em: Costituzionalismo irenico e costituzionalismo polemico, in *Giur. Cost.*, 2006, p. 1.652 ss; Costituzione, integrazione europea, globalizzazione, in *Quest. Giust.*, n° 6, 2008, p. 65 ss, e em L'antisovrano e la crisi delle Costituzioni, in AA.VV., *Scritti in onore di Giuseppe Guarino*, II, Padova 1998, p. 731 ss (especialmente p. 780).

conflitos entre sistemas e incentivaria a harmonia entre os ordenamentos[2].

Outros, ainda, sublinham a importância sistêmica dos conflitos interordenamentais (ou seja, os conflitos entre o primado do direito europeu, de integração e/ou convencional, e a supremacia das Constituições nacionais) em função do desenvolvimento dos princípios de um direito constitucional "transnacional"[3] ou "cosmopolítico"[4].

A concorrência interpretativa tornar-se-ia, em suma, o motor virtuoso das "hierarquias interligadas" dos vários ordenamentos envolvidos no processo integrativo supranacional, contribuindo para delinear, ao menos no plano tendencial, as respostas compartilhadas sobre a "última palavra" em torno dos direitos e ao "monopólio" das Constituições.

É verossímil que essas leituras conheçam possíveis verificações reais. É realmente verdadeiro que se trata – para todos – de teorias relativas à Europa, possíveis de serem experimentadas em outros contextos antes de se proclamar sua "universalidade"[5].

---

[2] Na Itália, essa é a tese de Gaetano Silvestri, que se encontra em: *La parabola della sovranità. Ascesa, declino e trasfigurazione di un concetto*, in *Riv. Dir. Cost.*, 1996; *Lo Stato senza principe. La sovranità dei valori nelle democrazie pluraliste*, Torino, Giappichelli, 2005, p. 69 ss; e em Verso uno *ius commune europeo dei diritti fondamentali*, in *Quad. Cost.*, 2006, p. 7 ss.

[3] Na Itália, essa é a tese de Giuseppe Martinico em: *Lo spirito polemico del diritto europeo. Studio sulle ambizioni costituzionali dell'Unione*, Roma, Aracne, 2011, e também no já citado *L'integrazione silente. La funzione interpretativa della corte di giustizia e il diritto costituzionale europeo*, Napoli, Jovene, 2009.

[4] Q. Camerlengo, *Contributo ad una teoria del diritto costituzionale cosmopolitico*, Milano, Giuffrè, 2007.

[5] V. a recente contribuição de D. Kapiszewski & M. M. Taylor, Compliance: Conceptualizing, Measuring, and Explaining Adherence to Judicial Rulings, in *38 L. & Social Inquiry*, n° 4, 2013, p. 803 ss, sobre as possibilidades de verificar e medir a efetiva incidência das intervenções judiciárias sobre escolhas as políticas.

Fora da Europa, as perplexidades sobre visões "irênicas" da convivência tridimensional permanecem, seja porque as assimetrias encontradas não solidificam a estrutura jurídica da própria tridimensionalidade[6], seja porque é difícil pensar que uma "diplomacia constitucional" confiada aos juízes[7] possa prescindir de uma "diplomacia cidadã"[8] capaz de *Embeddedness* em realidades em que a exclusão social está enraizada e generalizada.

A "oscilação" entre *sistema integrado das fontes* e *sistema integrado das interpretações*, agora congênita para Europa[9], não é assim pacífica na América Latina. O eixo em torno do qual se apoiam os dois pratos dessa "oscilação" reside, obviamente, nos Estados. Porém, na América Latina, os Estados são ainda muito jovens em sua conformação como ordenamentos jurídicos democrático-constitucionais. Eles têm, assim, necessidade, em primeiro lugar, de definir uma via duradoura de concretização interna da exclusão político-social. Não podem, e em larga medida não querem, se contentar apenas com a "inclusão jurisprudencial"[10].

Seja como for, é certo que os reflexos dos avanços europeus na seara dos direitos humanos e de sua proteção tridimensional e

---

[6] Reporte-se à importante comparação de A. Malamud, a partir do citado *Latin American Regionalism and EU Studies*.

[7] Para utilizar a fórmula de Michael J. Glennon, *Constitutional Diplomacy*, Princeton, Princeton Univ. Press, 1991.

[8] Sobre essa hipótese, cfr. A. Serbin (comp.), *Entre la confrontación y el diálogo. Integración regional y diplomacia ciudadana*, Buenos Aires, Siglo XXI, 2003. Além disso, junto à "diplomacia cidadã" existe também uma "diplomacia acadêmica" atenta aos temas da integração, cuja voz ecoa nos limites e possibilidades do direito constitucional transnacional, como demonstram as iniciativas dos "*Encontros das Associações de Direito Constitucional da América do Sul*".

[9] A ideia de uma "oscilação" entre um "polo de inspiração formal-abstrata" e um "polo axiológico-substancial" é de A. Ruggeri, recentemente referida em: Sistema integrato di fonti e sistema integrato di interpretazioni, nella prospettiva di un'Europa unita, in "*Itinerari*", vol. XIV, cit., p. 207 ss.

[10] Nesse sentido, *v.* M. Neves, A concepção do estado de direito e sua vigência prática na América do Sul, com especial referência à força normativa de um direito supranacional, in *2 Rev. Bras. Est. Const.*, nº 8, 2008.

multinível já começam a atingir a América Latina com mais vigor nos últimos anos, em especial a América Central.

Dos avanços pretendidos para a América do Sul, talvez o mais importante seja a instituição de um *Tribunal de Justiça* para a Unasul, capaz de coordenar as "ligações" entre direito interno e direito supranacional sul-americano.[11] Com vontade política e engajamento dos seus atores, é possível que não esteja longe o início das negociações de um *Protocolo* ao Tratado Constitutivo da Unasul, com vistas à criação de um Tribunal com jurisdição supranacional sobre os seus doze Estados-membros, a exemplo da CCJ existente na América Central (e, obviamente, o TJUE no contexto europeu). Resta saber, atendidas as particularidades e os costumes dos países da América do Sul, como se dará a composição desse Tribunal, como serão as suas regras de funcionamento, que órgãos ou entidades terão legitimidade processual ativa perante a Corte, quais as regras de cumprimento de suas decisões, dentre tantas outras questões relevantes. Mas por enquanto, como diria Kipling, isso é uma outra história.

---

[11] Cfr. V. Mazzuoli, Por um Tribunal de Justiça para a Unasul…, cit., p. 199-206.

Anexo

Esquemas Comparativos entre a Tridimensionalidade Europeia e a Latino-Americana

À luz dos quadros comparativos abaixo inseridos, é possível sintetizar e esquematizar as diferenças entre a Europa a e América Latina no que tange à tridimensionalidade das integrações supranacionais de cada um desses contextos.

Relativamente à Europa, os fundamentos da dinâmica tridimensional encontram-se nos arts. 4(2) e 6º do TUE, bem assim no art. 53 da "Carta de Nice", que inspiraram o *Verfassungsgerichtsverbund* europeu e a *Cross Fertilization* entre as tradições constitucionais comuns dos Estados, as interpretações da CEDH e a integração da própria UE. A tridimensionalidade, no contexto europeu, portanto, apresenta-se como "dialógica" e "cooperativa" e, por isso, pode ser representada por três círculos inseridos entre os dois níveis horizontais (UE e CEDH) e o nível vertical relativo aos Estados, com preeminência do círculo da UE, eis que os outros dois são direcionados (o estatal) ou condicionados (o da CEDH) ao mecanismo (obrigatório e vinculante) da prejudicialidade comunitária. Ao mesmo tempo, verifica-se o círculo da CEDH incide na esfera das Constituições dos Estados.

Por seu turno, a "verticalidade" latino-americana pode ser representada pela figura de um triângulo, em cujo vértice se encontram a CADH e a jurisprudência da Corte IDH, figurando na base as Constituições nacionais e os processos de integração regional.

O que se nota nesse contexto, portanto, é a existência de uma tridimensionalidade "monopolizada" pela Corte IDH, por meio do exercício do "controle de convencionalidade", que não coopera propriamente com as outras esferas ordenamentais, inexistindo, também, nesse contexto, um mecanismo eficaz de "prejudicialidade" (a exemplo do existente no sistema europeu). Na América Latina, apenas uma forma de cooperação horizontal é encontrada, entre a CCJ e a CIDH, graças às previsões dos arts. 3º, 23 e 25 do *Estatuto da CCJ*.

Tridimensionalidade "dialógica" da União Europeia

Tridimensionalidade "monológica" latino-americana

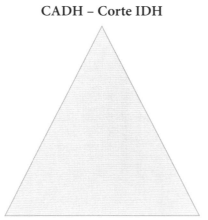

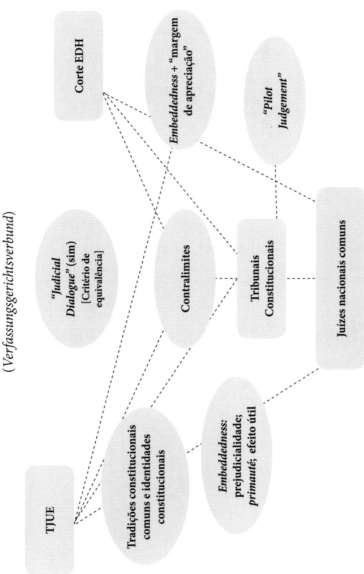

ANEXO – ESQUEMAS COMPARATIVOS

Comparação UE – América Latina

América Latina: arts. 24, 28(3), 67 e 68 da CADH + Constituições dos Estados
(*Controle de convencionalidade – Bloco de constitucionalidade transnacional*)

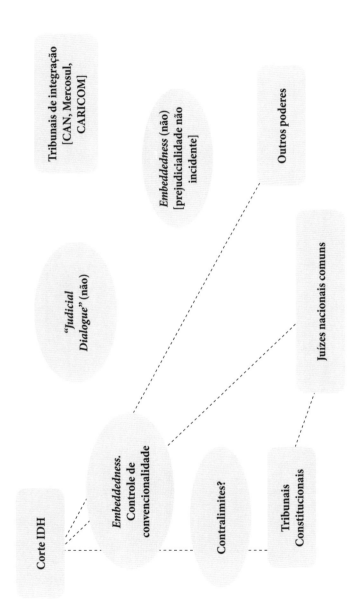

Comparação UE – América Latina

América Central: arts. 2°, 23 e 25 do *Estatuto* da CCJ + art. 28(3) da CADH + Constituições dos Estados (*Controle de convencionalidade* + *Consciência centro-americana*)

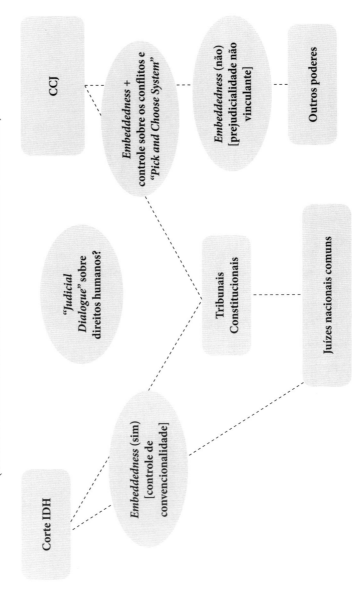

Bibliografia

A. A. Cançado Trindade, Os experimentos de integração e cooperação na América Latina e o sistema interamericano, in M. Panebianco (org.), *Europa comunitaria e America latina. Integrazione e cooperazione* (Convegno internazionale di studi, 28-30 aprile 1983), Salerno, Ed. Ist. Dir. Pubbl. Università Salerno, 1989.

A. Aguilar Calahorro, La primera cuestión prejudicial planteada por el Tribunal Constitucional al Tribunal de Justicia de la Unión Europea. Auto del Tribunal Constitucional 86/2011, de 9 de junio, in *Rev. Der. Const. Eur.*, n° 16, 2011.

A. C. Melo Lorentz, *O Tratado de Lisboa*, Ijuí, Ed. Unijuí, 2008.

A. C. Wolkmer & M. Petters Melo (orgs.), *Constitucionalismo Latino-Americano. Tendências Contemporâneas*, Curitiba, Juruá, 2013.

A. Cantaro & F. Losurdo, L'integrazione europea dopo il Trattato di Lisbona, in *Dal Trattato costituzionale al Trattato di Lisbona. Nuovi Studi sulla Costituzione europea*, in *Quaderni della Rass. Dir. Pubbl. Eur.*, n° 5, Napoli, ESI, 2009.

A. Cardone, *La tutela multivello dei direitos fundamentais*, Milano, Giuffrè, 2012.

A. Celotto & G. Pistorio, *Interpretazioni comunitariamente e convenzionalmente conformi*, in *Giur. It.*, 2010.

A. Cerri, *Corso di giustizia costituzionale plurale*, Milano, Giuffrè, 2012.

A. D'Alessandro, *Il procedimento pregiudiziale interpretativo dinanzi alla Corte di giustizia. Oggetto ed efficacia della pronunzia*, Torino, Giappichelli, 2012.

A. De Petris, Un rinvio pregiudiziale sotto condizione?, in *www.federalismi.it*, 4, 2014.

A. Di Stasi, *Il diritto all'equo processo nella CEDU e nella Convenzione americana sui diritti umani: analogie, dissonanze e profili di convergenza giurisprudenziale*, Torino, Giappichelli, 2012.

_____. (org.), *Codice dell'integrazione latino-americana. Il SELA: Sistema economico latino-americano*, Salerno, Elea Press, 1992.

A. E. Basilico, Disapplicazione di leggi interne contrastanti con la CEDU? Il punto di vista della Corte di giustizia, in *Rivista AIC*, n° 3, 2012, in *www.associazionedeicostituzionalisti.it*.

A. Gómez Vides, *Aportes significativos de la Corte Centroamericana de Justicia al derecho internacional y al derecho comunitario*, Managua, CCJ, 2013.

A. Gomez-Robledo, Caso "La última tentación de Cristo" (Olmedo Bustos y Otros) vs. Chile. Sentencia del 5 de febrero de 2001, in *Cuestiones Constitucionales*, n° 25, 2011.

A. Ianniello Saliceti, Il significato delle tradizioni costituzionali comuni nell'Unione europea, in G. Rolla (org.), *Il sistema europeo di protezione dei direiti fundamentais e i rapporti tra le giurisdizioni*, Milano, Giuffrè, 2010.

A. Lazari, La nueva gramática del constitucionalismo judicial europeo, in *Rev. Der. Com. Eur.*, n° 33, 2009.

A. Legg, *The Margin of Appreciation in International Human Rights Law. Deference and Proportionality*, Oxford, Oxford Univ. Press, 2012.

A. M. Soto, F. Floreal González, *Derecho de la Integración*, Buenos Aires, La Ley, 2011.

A. Malamud, *Latin American Regionalism and EU Studies*, in *32 J. European Integr.*, n° 6, 2010.

A. Maldonado Aguirre, El Acta fundacional de la Nacion Centroamericana, in *Anuario de Derecho Constitucional Latinoamericano*, 2009, 723 ss, in *www.juridicas.unam.mx*.

A. Marradi, Natura, forme e scopi della comparazione, in D. Fisichella (org.), *Metodo scientifico e ricerca politica*, Roma, NIC, 1985.

A. Medici, *La Constitución horizontal. Teoría constitucional y giro decolonial*, San Luis Potosí, Fac. Derecho Univ. Aut. San Luis Potosí-Centro Est Jurídicos y Soc. Mispat, 2012.

A. P. Sereni, Funzione e metodo del diritto comparato, in *Riv. Trim. Dir. Proc. Civ.*, 1960.

A. Peters, Compensatory Constitutionalism: The Function and Potential of Fundamental International Norms and Structures, in *19 Leiden J. Int.'l L.*, 2006.

A. Pisanò, *I diritti umani come fenomeno cosmopolita. Internazionalizzazione, regionalizzazione, specificazione*, Milano, Giuffrè, 2011.

A. Pizzorusso, *Fonti "politiche" e fonti "culturali" del diritto*, in *Studi on. Enrico Tullio Liebman*, I, Milano, Giuffrè, 1979.

A. Plaia (org.), *La competizione tra ordinamenti giuridici*, Milano, Giuffrè, 2007.

A. Posada, *Instituciones políticas de los pueblos hispano-americános*, Madrid, Reus, 1900.

A. Predieri, Il diritto europeo come formante di coesione e come strumento di integrazione, in *Dir. Un. Eur.*, 1996.

A. R. Brewer Carías, La aplicación de los tratados internacionales sobre derechos humanos en el orden interno. Estudio de Derecho constitucional comparado latinoamericano, in *Rev. Iberoamericana Der. Pocesal Const.*, n° 26, 2006.

A. R. Brewer Carias, *Los problemas constitucionales de la integración económica latinoamericana*, Caracas, Banco Central de Venezuela, 1968.

A. Reinisch, *International Organizations before National Courts*, Cambridge, Cambridge Univ. Press, 2000.

A. Ruggeri, Corti costituzionali e Corti europee: il modello, le esperienze, le prospettive, in *www.europeanrights.eu/public/commenti/Ruggeri.pdf.*

_____, Il Consiglio di Stato e il "metarinvio" pregiudiziale (a margine di Cons. St. n. 4584 del 2012), in *"Itinerari" di una ricerca sul sistema delle fonti*, Torino, Giappichelli, vol. XVI, 2013.

_____, Il futuro dei diritto fondamentali: viaggio avventuroso nell'ignoto o ritorno al passato?, in *www.federalismi.it*, n° 4, 2013.

_____, Il giudicato all'impatto con la CEDU, dopo la svolta di Corte cost. n. 113 del 2011, ovverosia quando la certezza del diritto è obbligata a cedere il passo alla certezza dei diritti, in *Legisl. Pen.*, n° 2, 2011.

_____, Il rinvio pregiudiziale alla Corte dell'Unione: risorsa o problema? (nota minima su una questione controversa), in *Dir. Un. Eur.*, n° 1, 2012.

_____, Interpretazione conforme e tutela dei direitos fundamentais, tra internazionalizzazione (ed "europeizzazione") della Costituzione e costituzionalizzazione del diritto internazionale e del diritto comunitario, in *"Itinerari" di una ricerca sul sistema delle fonti*, Torino, Giappichelli, vol. XIV, 2011.

_____, L'intensità" del vincolo espresso dai precedenti giurisprudenziali, con specifico riguardo al piano dei rapporti tra CEDU e diritto interno e in vista dell'affermazione della Costituzione come "sistema", in *Scritti on. Giuseppe de Vergottini*, 2014 (no prelo).

_____, La Corte costituzionale, i parametri «consequenziari» e la tecnica dell'assorbimento dei vizi rovesciata (a margine di Corte cost., n° 150 del 2012 e dell'anomala restituzione degli atti da essa operata con riguardo alle questioni di costituzionalità relative alla legge sulla procreazione medicalmente assistita), in *www.giurcost.it*.

_____, La Corte di giustizia marca la distanza tra il diritto dell'Unione e la CEDU e offre un puntello alla giurisprudenza costituzionale in tema di (non) applicazione diretta della Convenzione (a margine di Corte giust., Grande Sez., 24 aprile 2012), in *"Itinerari" di una ricerca sul sistema delle fonti*, Torino, Giappichelli, vol. XVI, 2013.

_____, Penelope alla Consulta: tesse e sfila la tela dei suoi rapporti con la Corte EDU, con significativi richiami ai tratti identificativi della struttura dell'ordine interno e distintivi rispetto alla struttura dell'ordine convenzionale ("a prima lettura" di Corte cost. n. 230 del 2012), in *"Itinerari" di una ricerca sul sistema delle fonti*, Torino, Giappichelli, vol. XVI, 2013.

_____, Sistema integrato di fonti e sistema integrato di interpretazioni, nella prospettiva di un'Europa unita, in *"Itinerari" di una ricerca sul sistema delle fonti*, Torino, Giappichelli, vol. XIV, 2013.

_____, Sovranità dello Stato e sovranità sovranazionale, attraverso i diritti umani, e prospettive di un diritto europeo "inter--costituzionale", in *Dir. Pubbl. Comp. Eur.*, 2001.

A. Schillaci, *Direitos fundamentais e parametro di giudizio. Per una storia concettuale delle relazioni tra ordinamenti*, Napoli, Jovene, 2012.

A. Serbin (comp.), *Entre la confrontación y el diálogo. Integración regional y diplomacia ciudadana*, Buenos Aires, Siglo XXI, 2003.

_____; L. Martínez & H. Ramanzini Júnior (coords.), *El regionalismo "post-liberal" en América Latina y el Gran Caribe: nuevos actores, nuevos temas, nuevos desafíos*, in *Anuario Iberoam. de la Integración Regional de América Latina y el Gran Caribe*, 2012.

A. Vitorino, Luzes e sombras do Tratado de Lisboa, in *REE*, n° 4, 2008.

A. von Bogdandy, El constitucionalismo en el derecho internacional, in *www.juridicas.unam.mx*, 2007.

A. Voβkuhle, Multilevel Cooperation of the European Constitutional Courts: der Europäische Verfassungsgerichtsverbund, in 6 *Eur. Const. L. R.*, n° 2, 2010.

Aa. Vv., *Los derechos sociales en serio: hacia un dialogo entre derechos y políticas públicas*, Bogotá, ed. Antropos, 2007.

B. Andò, Sulla tradizione giuridica europea, fra molteplicità e unitarietà, in B. Andò & F. Vecchio (org.), *Costituzione, globalizzazione e tradizione giuridica europea*, Padova, Cedam, 2012.

B. Galindo, *Teoría intercultural da Constituição*, Porto Alegre, Livraria do Advogado, 2006.

B. Guastaferro, Beyond the Exceptionalism of Constitutional Conflicts: The Ordinary Functions of the Identity Clause, in *Yearbook Eur. L.*, n° 1, 2012.

_____, Il rispetto delle identità nazionali nel Trattato di Lisbona: tra riserva di competenze e "controlimiti europeizzati", in *Quad. Cost.*, 2012.

_____, *Legalità sovranazionale e legalità costituzionale*, Torino, Giappichelli, 2013

B. Mirkine-Guetzévitch. *Les nouvelles tendances du droit constitutionnel*, Paris, Giard, 1931.

B. N. Mamlyuk & U. Mattei, Comparative International Law, in 36 *Brook. J. Int.'l L.*, n° 2, 2011.

B. Randazzo, *Giustizia costituzionale sovranazionale. La Corte europea dei diritti dell'uomo*, Milano, Giuffrè, 2012.

_____, Il ricorso alla Corte europea dei diritti dell'uomo come ricorso diretto, in R. Tarchi (org.), *Patrimonio costituzionale europeo e tutela dei direitos fundamentais. Il ricorso diretto di costituzionalità*, Torino, Giappichelli, 2012.

C. Amado Gomes, Tratado de Lisboa: ser ou não ser... reformador (eis a questão), in *RMP*, n° 114, 2008.

C. Aquino, *La contaminazione costituzionale dell'Unione Europea. Aspettative e ostacoli verso la meta*, Roma, Aracne, 2009.

C. Ayala Corao, *Del amparo nacional al amparo interamericano como institutos para le protección de los derechos humanos*, Caracas-San José, IIDH-EJV, 1998.

C. E. Salazar Grande, E.N. Ulate Chacón, *Manual de derecho comunitario centroamericano*, San Salvador, Ricardone, 2013.

C. F. Molina Del Pozo (comp.), *Integración Eurolatinoamericana*, Buenos Aires, Ediciones Ciudad Argentina, 1996.

C. J. Bruzón Viltres, Confederación de Estados e intergacion regional en América latina, 2009, in *www.eumed.net/libros-gratis/2009c/573/index.htm*.

C. L. Marques, Superação das antinomias pelo diálogo das fontes: o modelo de coexistência entre o Código de Defesa do Consumidor e o Código Civil de 2002, *Rev. de Direito do Consumidor*, vol. 51, 2004.

_____; V. Mazzuoli, O consumidor-depositário infiel, os tratados de direitos humanos e o necessário diálogo das fontes nacionais e internacionais: a primazia da norma mais favorável ao consumidor, *Rev. de Direito do Consumidor*, vol. 70, 2009.

C. Lenza, *Analisi delle esperienze di cooperazione ed integrazione regionale in America latina*, UTL, La Paz, 2009.

C. Mialot & P. D. Ehongo, De l'intégration normative à géométrie et a gèographie variables, in M. Delmas-Marty (dir.), *Critique de l'intégration normative*, Paris, PUF, 2004.

C. Pinelli, Interpretazione conforme (rispettivamente a Costituzione e al diritto comunitario) e principio di equivalenza, in *Giur. Cost.*, 2008.

_____, Le tradizioni costituzionali comuni ai popoli europei fra apprendimenti e virtù trasformative, in *Giornale Storia Cost.*, n° 9, 2005.

C. Pizzolo, *Derecho e integración regional*, Buenos Aires, Ediar, 2010.

C. R. Fernández Liesa (dir.), *Tribunales internacionales y espacio iberoamericano*, Madrid, Civitas-Thomson Reuters, 2009.

C. S. Abreu Prino, Relações entre TJUE e TEDH no contexto de adesão da UE à CEDH, in *Debater a Europa*, n° 4, 2011.

C. Tuosto, L'evoluzione del sistema di risoluzione delle controversie del Mercosur e "influenze" comunitarie, in P. Pennetta (org.), *L'evoluzione dei sistemi giurisdizionali regionali ed influenze comunitarie. Atti Seminario Salerno 1-2 ottobre 2009*, Bari, Cacucci, 2010.

CESPI (org.), *I processi di integrazione in America latina*, Roma, Osservatorio di politica internazionale del Parlamento italiano, 2010.

D. E. Ochs Olazábal, El fallo de la Corte Interamericana de Derechos Humanos Gelman con Uruguay, in *IV La Ley Uruguay*, n° 7, 2011.

D. Freitas do Amaral & N. Piçarra, O Tratado de Lisboa e o princípio do primado do Direito da União Europeia: uma "evolução na continuidade", in *RDP*, n° 1, 2009.

D. Kapiszewski & M.M. Taylor, Compliance: Conceptualizing, Measuring, and Explaining Adherence to Judicial Rulings, in *38 L. & Social Inquiry*, n° 4, 2013.

D. Knop, *Völker- und Europarechtsfreundlichkeit als Verfassungsgrundsätze*, Tübingen, Mohr Siebeck, 2013.

D. Messineo, *La garanzia del "contenuto essenziale" dei direitos fundamentais*, Torino, Giappichelli, 2012.

D. Ribeiro, *Las Américas y la civilización: proceso de formación y causas del desarrollo desigual de los pueblos americános*, México, Editorial Extemporáneos, 1977.

D. Szymczak, *La Convention européenne des droits de l'homme et le juge constitutionnel national*, Bruxelles, Bruylant, 2006.

E. A. Velandia Canosa, *Teoría constitucional del proceso. Derecho procesal constitucional*, Bogotá, Ed. Doctrina y Ley, 2009.

_____; D.J. Beltrán Grande, La justicia constitucional y su modelo transnacional, in E. A. Velandia Canosa (dir.), *Derecho procesal constitucional*, Tomo III, vol. I, Bogotá, VC Editores, 2012.

E. Biacchi Gomes, *Blocos económicos. Solução de controvérsias*, Curitiba, Juruá, 2010.

_____, *Manual de Direito da Integração Regional*, Curitiba, Juruá, 2010.

_____, Controle de convencionalidade nos processos de integração. Democracia e Mercosul (a construção de uma tese), in *Rev. A & C de Der. Adm. & Const.*, n° 52, 2013.

E. C. Schaposnik, *Estrategias para la Integración Latinoamericana*, Bogotá, Universidad Central, 1991.

E. Capizzano, I nuovi orizzonti della comparazione giuridica nella prospettiva di un diritto intercomunitario di fronte allo scenario di nascenti regionalismi nelle diverse aree del mondo e la lezione storica di Jean Monnet (e… un pizzico di avvenirismo anche giuridico e politico-culturale lungo la strada maestra della pace e della sicurezza fra i popoli del mondo), in Id. (org.), *Il modello comunitario del diritto agrario di fronte ai nuovi problemi dell'ordine internazionale*, Camerino, Univ. Camerino, 1995.

E. Castorina, Diritto costituzionale comune e diritto costituzionale europeo: il problema dell'identità dell'Unione, in Id. (org.), *Profili attuali e prospettive di Diritto costituzionale europeo*, Torino, Giappichelli, 2007.

_____, Notazioni sul diritto costituzionale europeo come "nuova disciplina", in *Scritti on. Franco Modugno*, I, Napoli, Editoriale Scientifica, 2011.

E. Cerexhe, La problématique de phénomènes d'intégration, in M. Panebianco (org.), *Europa comunitaria e America latina. Integrazione e cooperazione* (Convegno internazionale di studi,

28-30 aprile 1983), Salerno, Ed. Ist. Dir. Pubbl. Università Salerno, 1989.

E. Crivelli, I protocolli n. 15 e n. 16 alla CEDU: nel futuro della Corte di Strasburgo un rinvio pregiudiziale di interpretazione?, in *Quad. cost.*, n° 4, 2013.

E. Faletti & V. Piccone (org.) *L'integrazione attraverso i diritti. L'Europa dopo Lisbona*, Roma, Aracne, 2010.

E. Ferrer Mac-Gregor, La Corte Interamericana de Derechos Humanos como intérprete constitucional (dimensión transnacional del Derecho procesal constitucional), in D. Valadés, R. Gutiérrez Rivas (coords.), *Memoria del IV Congreso Nacional de Derecho constitucional*, Tomo III, México DF, IIJ-UNAM, 2001.

_____, Reflexiones sobre el control difuso de convencionalidad. A la luz del caso Cabrera García y Montiel Flores vs. México, in *Bol. Mex. Der. Comp.*, n° 131, 2011.

_____. (coord.), *El control difuso de convencionalidad*, Santiago de Querétaro, Fundap, 2012.

_____; A. Herrera García (coords.), *Dialogos jurisprudenciales en Derechos humanos Tribunales constitucionales y Cortes internacionales*, México DF, Tirant lo Blanch, 2013.

_____; F. Silva García, *El control de convencionalidad de la jurisprudencia constitucional*, in *Parlamento y Constitución*, 2010.

E. Jayme, Identité culturelle et intégration: le droit international privé postmoderne, in *Recueil des Cours*, vol. 251, 1995.

E. Jiménez de Aréchaga, La Convención Americana de los Derechos Humanos como derecho interno, in *Boletín da Sociedade Brasileira de Direito Internacional*, vols. 69-72, 1987/89.

E. Jinesta Lobo, Control de convenzionalidad ejercido por los Tribunales y Salas constituconales, in E. A. Velandia Canosa, *Derecho procesal constitucional*, Tomo III, vol. III, Bogotá, VC Editores, 2012.

E. Lamarque, Le relazioni tra gli ordinamenti nazionale, sovranazionale e internazionale nella tutela dei diritti, in *Seminatio Italo-Hispano-Brasileño*, Barcelona, 17-18 ottobre 2013.

E. Malarino, Acerca de la pretendida obligatoriedad de la jurisprudencia de los órganos interamericanos de protección de Derechos Humanos para los Tribunales Nacionales, in K. Ambos, E. Malarino & G. Elsner (org.), *Sistema Interamericano de Protección de los Derechos Humanos y Derecho Penal Internacional*, Tomo II, Göttingen, Konrad Adenauer Stifung, 2011.

E. Malfatti, *I "livelli" di tutela dei direitos fundamentais nella dimensione europea*, com a colaboração de T. Giovannetti e N. Pignatelli, Torino, Giappichelli, 2013.

_____; S. Panizza, R. Romboli, *Giustizia costituzionale*, Torino Giappichelli, 2013.

E. Narvaja de Arnoux (*et all.*), *UnasurNASUR y sus discursos*, Buenos Aires, Biblos, 2012.

E. Rey Cantor, *Control de convencionalidad de las leyes y derechos humanos*, México, Porrúa, 2008.

E. Rozo Acuña, *Il costituzionalismo del Messico e dell'America centrale. Evoluzione politico-costituzionale e carte costituzionali*, Torino, Giappichelli, 2008.

_____, *Il costituzionalismo in vigore nei paesi dell'America latina*, Torino, Giappichelli, 2012.

E. Stein, Lawyers, Judges and the Making of a Transnational Constitution, in *75 Am. J. Comp. L.*, 1981.

E.-W. Böckenförde, *Gesetz und gesetzgebende Gewalt*, Berlin, Duncker & Humblot, 1981.

F. Bosch, La autoridad interpretativa de la Corte Interamericana: en transinción hacia una comunidad regional de principios, in R. Gargarella (coord.), *La Constitución en 2020*, Buenos Aires, Siglo XXI, 2011.

F. Cocozza, *Diritto comune delle libertà in Europa: profili costituzionali della Convenzione europea dei diritti dell'uomo*, Torino, Giappichelli, 1994.

F. D. Lobo Lara, La jurisdicción obligatoria de la Corte Centroamericana de Justicia en el marco de la integración centroamericana, in M. Vidal (org.), *Direito de integração no Mercosul: os desafios jurídicos e político-institucionais da integração regional*, Cuiabá: TJMT, 2012.

F. Mannella, *Giudici comuni e applicazione della Costituzione*, Napoli, Editoriale Scientifica, 2011.

F. Mastromartino, La soggettività degli individui nel diritto internazionale, in *Dir. & Quest. Pubbl.*, n° 10, 2010.

F. Matscher. Quarante ans d'activités de la Cour Européenne des Droits de l'Homme, in *Rec. des Cours*, vol. 270, 1997.

F. Palermo, *La forma di Stato dell'Unione europea. Per una teoria costituzionale dell'integrazione sovranazionale*, Padova, Cedam, 2005.

F. Sudre, *Droit européen et international des droits de l'homme*, Paris, PUF, 2009.

F. Vecchio, Primato del diritto europeo e controlimiti come tecniche di relazione tra gli ordinamenti, in *16 Mediterranean J. Hum Rights*, 2012.

_____, *Primazia del diritto europeo e salvaguardia delle identità costituzionali. Effetti asimmetrici dell'europeizzazione dei controlimiti*, Torino, Giappichelli, 2012.

G. Aguilar Cavallo, El control de convencionalidad en la era del constitucionalismo de los derechos. Comentario a la sentencia de la Corte Suprema de Chile en el caso denominado Episodio Rudy Cárcamo Ruiz de fecha 24 mayo de 2012, in *10 Estudios Constitucionales*, n° 2, 2012.

G. Betancur Mejía, *La Comunidad Latinoamericana de Naciones*, Medellín, Ediciones Fundación Universitaria CEIPA, 1996.

G. Betlem, A. Nollkaemper, Giving Effect to Public International Law and European Community Law before Domestic Courts. A Comparative Analysis of the Practice of Consistent Interpretation, in *14 Eur. J. Int.'l L.*, n° 3, 2003.

G. Bronzini, Il plusvalore giuridico della Carta di Nizza, in R. Crosio & R. Foglia (org.), *Il diritto europeo nel dialogo delle Corti*, Milano, Giuffrè, 2013.

G. de Búrca, *After the EU Charter of Fundamental Rights: The Court of Justice as a Human Rights Adjudicator?*, in *20 Maastricht J. Eur. Comp. L.*, n° 2, 2013.

G. de Vergottini, *Diritto costituzionale comparato*, vol. I, Padova, Cedam, 2007.

G. Delledonne, La "prima volta" di Karlsruhe: il rinvio pregiudiziale relativo alle Outright Monetary Transactions, in *Commenti Centro Studi sul Federalismo*, n° 25, 2014, www.csfederalismo.it.

G. Frankenberg, *Autorität und Integration*, Frankfurt, Suhrkamp, 2003.

G. Grieger, EU-Latin America Relations: Briefing 17/3/2014, in *European Parliamentary Research Service*, www.eprs.ep.parl.union.eu.

G. L. Gardini, Has Regionalism Peaked? The Latin American Quagmire and Its Lessons, in *47 International Spectator*, n° 1, 2012.

G. Laneve, L'interpretazione conforme a Costituzione: problemi e prospettive di un sistema diffuso di applicazione costituzionale all'interno di un sindacato (che resta) accentrato, in B. Caravita di Toritto (org.), *La giustizia costituzionale in trasformazione: la Corte costituzionale tra giudice dei diritti e giudice dei conflitti*, Napoli, Jovene, 2012.

G. Letsas, Two Concepts of the Margin of Appreciation, in *26 Oxford J. Legal St.*, n° 4, 2006.

G. Luther, *La scienza häberliana delle Costituzioni*, in P. Comanducci & R. Guastini (org.), *Analisi e diritto2001*, Torino, Giappichelli, 2002.

G. Martinico, *Complexity and Cultural Sources of Law in the EU Context: from the Multilevel Constitutionalism to the Constitutional Synallagma*, in *www.germanlawjournal.com*, 2007.

_____, *L'integrazione silente. La funzione interpretativa della corte di giustizia e il diritto costituzionale europeo*, Napoli, Jovene, 2009.

_____, *Lo spirito polemico del diritto europeo. Studio sulle ambizioni costituzionali dell'Unione*, Roma, Aracne, 2011.

_____; O. Pollicino, *The National Judicial Treatment of the ECHR and EU Laws. A Comparative Constitutional Perspective*, Gröningen, Europa Law Publishing, 2010.

G. Pistorio, *Interpretazione e giudici. Il caso dell'interpretazione conforme al diritto dell'Unione europea*, Napoli, Editoriale Scientifica, 2012.

G. Raimondi, *La controversa nozione di Consensus e le recenti tendenze della giurisprudenza della Corte di Strasburgo in riferimento agli articoli 8-11 della Convenzione europea dei diritti dell'uomo*, in *www.europeanrights.eu*.

G. Sanchini, *Sguardo a Sud Ovest. Il Sudamerica dell'Unasur tra integrazione e prospettive geopolitiche*, Reggio Emilia, Aliberti, 2010.

G. Silvestri, *La parabola della sovranità. Ascesa, declino e trasfigurazione di un concetto*, in *Riv. Dir. Cost.*, 1996.

_____, *Lo Stato senza principe. La sovranità dei valori nelle democrazie pluraliste*, Torino, Giappichelli, 2005.

G. Silvestri, *Verso uno ius commune europeo dei direitos fundamentais*, in *Quad. Cost.*, 2006.

G. Zagrebelsky & V. Marcenò, *Giustizia costituzionale*, Bologna, Il Mulino, 2012.

H. Faúndez Ledesma, *Administración de justicia y derecho internacional de los derechos humanos*, Caracas, Publicidad Gráfica León, 1992.

H. Fix-Zamudio, Protección jurídico constitucional de los derechos humanos de fuente internacional en los ordenamientos de Latinoamerica, in J. Pérez Royo, J. Martínez Urías, M. Carrasco Durán (coords.), *Derecho constitucional para el Siglo XXI. Acta del VIII Congreso Iberoamericano de Derehco Constitucional*, Tomo I, Pamplona, Thomson Aranzadi, 2006.

H. Nogueira Alcalá, Los desafíos de la sentencia de la Corte Interamericana en el caso Almonacid Arellano, in *12 Ius et Praxis*, n° 2, 2006.

I. Pellizzone, Sentenza della Corte europea sopravvenuta e giudizio di legittimità costituzionale: perché la restituzione degli atti non convince. Considerazioni a margine dell'Ord. n. 150 del 1012 della Corte costituzionale, in *Rivista AIC*, n° 3, 2012, in *www.associazionedeicostituzionalisti.it*.

I. Recavarren (org.), *América Latina hoy: derecho y economía*, (Collana Istituto di Studi Latino-Americani dell'Università Bocconi 2), Milano, EGEA, 1995.

I. G. Bărbulescu, A. Mihai Ghigiu, Una visión interregional de América Latina entre el modelo europeo y el norteamericano, in J. Roy (comp.), *Después de Santiago: integración regional y relaciones Union Europea-América latina*, Miami, Jean Monnet Chair, 2013.

J. A. Giammattei Avilés, La Corte Centroamericana de Justicia como Tribunal constitucional de la Comunidad Centroamericana, in *Anuario de Derecho Constitucional Latinoamericano*, 2003.

J. Delgado Rojas, La especificidad de la integración centroamericana y su aporte al pensamiento integracionista latinoamericano, in *Rev. Aportes para la Integración Latinoamericana*, 2009, in *www.iil.org.ar*.

J. E. Bericeño Berrù, Aspetti giuridici dell'integrazione regionale dell'America latina, in G. Sacerdoti & S. Alessandrini (org.), *Regionalismo economico e sistema globale degli scambi*, Milano, Giuffrè, 1994.

_____, I processi di integrazione economica in America Latina alla luce delle concezioni giuridiche contemporanee, in *Dir. Comunit. Scambi Internaz.*, 1999.

J. E. Herrera Pérez, Control judicial internacional de DDHH sobre la actividad jurisdiccional interna de los Estados. ¿Una cuarta Instancia?, in *Horizontes contemporáneos del Derecho procesal constitucional. Liber amicorum Néstor Pedro Sagüés*, Tomo I, Lima, Adrus, 2011.

J. G. Trababino, *Documentos de la Unión Centroamericana*, Ciudad de Guatemala, Secretaria General de la Organización de Estados Centroamericanos, 1956.

J. García Roca, El margen de apreciación nacional en la interpretación del CEDH: integración y pluralism europeos, in L. Mezzetti & A. Morrone (org.), *Lo strumento costituzionale dell'ordine pubblico europeo. Nei sessant'anni della Convenzione per la salvaguardia dei diritti dell'uomo e delle libertà fondamentali (1950-2010)*, Torino, Giappichelli, 2011.

_____, *El margen de apreciación nacional en la interpretación del Convenio Europeo de Derechos Humanos: soberanía e integración"*, Madrid, Thomson Reuters-Civitas, Madrid, 2010.

J. Gerards, Pluralism, Deference and the Margin of Appreciation Doctrine, in *Eur. L. J.*, 2011.

J. Griffith, The Political Constitution, in *Modern L. Rev.*, 1979.

J. H. H. Weiler, Diritti umani, costituzionalismo ed integrazione: iconografia e feticismo, in *Quad. Cost.*, 2002.

J. L. Caballero Ochoa, El derecho internacional en la integración constitucional. Elementos para una herméutica de los derechos fundamentales, in *Rev. Iberoamericana Der. Procesal Const.*, 26, 2006.

J. L. Salomoni, Procedimiento administrativo y Mercosur. Una aproximación a los principios emergentes de los distintos ordenamientos aplicables, in *Actualidad en el Derecho Público*, vol. 8, Buenos Aires, Ad-Hoc, 1998.

J. Neuenschwander Magalhaes, O uso criativo dos paradoxos do direito. A aplicação dos princípios gerais do direito pela Corte de Justiça Europeia, in Aa. Vv., *Paradoxos da auto-observação*, Curitiba, Juruá, 1997.

J. Ovalle Favela, La influencia de la jurisprudencia de la Corte interamericana de derechos humanos en el derecho interno de los Estados latinoamericanos, in *Bol. Mex. Der. Comp.*, n° 134, 2012.

J. P. Jacqué, Du Traité constitutionnel au Traité de Lisbonne: tableau d'une négociation, in *RDPSP*, n° 3, 2008.

J. Schwarze, Le traité de Lisbonne: quelques remarques d'un observateur allemand, in *RMCUE*, n° 518, 2008.

J. Tupayachi Sotomayor, La interpretación constitucional en el reconocimiento de nuevos derechos fundamentales, in E.A. Velandia Canosa (dir.), *Derecho procesal constitucional*, Tomo III, vol. II, Bogotá, VC Editores, 2012.

J. U. Carmona Tinoco, El caso Jorge Castañeda Gutman vs. Estados Unidos Mexicanos ante la Corte Interamericana de Derechos Humanos, in *Anuario Mex. Der. Int.*, vol. IX, 2009.

K. Ambos, Les fondements juridiques de la Cour Penale Internationale, in *Revue trimestrielle des droits de l'homme*, n° 10, 1999.

K. Annan, Advocating for an International Criminal Court, in *Fordham International Law Journal*, n° 21, 1997.

K. Lenaerts, Constitutionalism and the Many Faces of Federalism, in *Am. J. Comp. L.*, n° 38, 1990.

K. Nyman-Metcalf & I. F. Papageorgiou, *Regional integration and Courts of Justice*, Antwerpen, Intersentia. 2005.

L. Azzena, *L'integrazione attraverso i diritti*, Torino, Giappichelli, 1998.

L. Burgorgue-Larsen, Prendre les droits communautaires au sérieux ou la forme d'attraction de l'expériance européenne en Afrique at en Amérique latine, in *Les dynamiques du droit européen an début de siècle. Etudes en l'honneur du Prof. Jean-Claude Gautron*, Paris, Pedone, 2004.

L. Cappuccio, A. Lollini & P. Tanzarella (org.), *Le Corti regionali tra Stati e diritti. I sistemi di protezione dei diriotos fundamentais europeo, americano e africano a confronto*, Napoli, Editoriale Scientifica, 2012.

_____; E. Lamarque (org.), *Dove va il sistema italiano accentrato di controllo di costituzionalità?*, Napoli, Editoriali Scientifica, 2013.

L. Cozzolino, Le tradizioni costituzionali comuni nella giurisprudenza della Corte di giustizia delle Comunità europee, in *http://archivio.rivistaaic.it/matériali/convegni*.

L. De Micco, Adesione dell'Unione europea alla Convenzione europea sui diritti dell'uomo: attesa di un finale, in *Rivista AIC*, n° 3, 2012, in *www.associazionedeicostituzionalisti.it*.

L. F. Gomes & V. Mazzuoli, *Comentários à Convenção Americana sobre Direitos Humanos (Pacto de San José da Costa Rica)*, 4ª ed., São Paulo, Ed. Revista dos Tribunais, 2013.

_____; _____, *Direito supraconstitucional: do absolutismo ao Estado Constitucional e Humanista de Direito*, 2ª ed., São Paulo, Ed. Revista dos Tribunais, 2013.

_____; _____. (org.), *Crimes da ditadura militar: uma análise à luz da jurisprudência da Corte Interamericana de Direitos Humanos*, São Paulo, Ed. Revista dos Tribuanais, 2011.

L. Ferrajoli, *Por uma teoría dos direitos e dos bens fundamentais*, trad. brasileira, Porto Alegre, Livraria do Advogado, 2011.

L. Finn (ed.), Comparative Regional Integration: Theoretical Perspectives, in *The International Political Economy for New Regionalism Series*, Furnham, Ashgate, 2009.

L. Gross, States as Organ of International Law and the Problem of Autointerpretation, in Id., *Essays on International Law and Organization*, I, Ardsley-on-Hudson (NY), Transnational Publisher, 1984.

L. H. Carvajal, *Integración, pragmatismo y utopía en América Latina*, Bogotá, Universidad Externado de Colombia, Universidad de los Andes, Tercer Mundo Editores, 1993.

L. Kramer, *The People Themselves. Popular Constitutionalism and Judicial Review*, Oxford, Oxford Univ. Press, 2004.

L. Mezzetti & C. Pizzolo (org.), *Diritto costituzionale transnacional*, Bologna, Filodiritto, 2013.

L. Obregón Tarazona, Between Civilization and Barbarism: Creole Interventions in International Law, in *27 Third World Quarterly*, n° 5, 2006.

_____, Completing Civilization: Creole Consciousness and International Law in Nineteenth Century Latin America, in A. Orford (ed.), *International Law and its Others*, Cambridge, Cambridge Univ. Press, 2006.

_____, Construyendo la región americana: Andrés Bello y el derecho internacional, in B. González, S. e J. Poblete (eds.), *Andrés Bello y los estudios latinoamericanos*, Serie Criticas, Pittsburgh, Universidad de Pittsburgh, Instituto Internacional de Literatura Iberoamericana, 2009.

L. P. Castillo Amaya, *La Identidad Constitucional de Centroamérica. Un estudio del fenómeno de imitación constitucional en las integraciones regionales*, Tese de Doutorado, Università degli Studi di Bari "Aldo Moro" (Italia), 2013.

L. Pegoraro, Elementi determinanti ed elementi fungibili nella costruzione dei modelli di giustizia costituzionale, in *Derecho constitucional comparado. Itinerarios de investigación*, Bogotá, Universidad Libre, 2011.

L. R. Helfer & A.-M.Slaughter, Toward a Theory of Effective Supranational Adjudication, in *Yale L. J.*, 1997.

_____, Redesigning the European Court of Human Rights: Embeddedness as a Deep Structural Principle of the European Rights Regime, in *Eur. J. Int.'l L.*, 2008.

L. Trucco, *Carta dei diritti fondamentali e costituzionalizzazione dell'Unione Europea*, Torino, Giappichelli, 2013.

L. Uccello Barretta, La Corte costituzionale e il rinvio pregiudiziale nel giudizio in via incidentale (nota a Corte cost. Ord. n. 207/2013), in *Osservatorio AIC*, novembre 2013, *www.associazionedeicostituzionalisti.it*.

L. Violini, L'indipendenza del giudice e il rispetto del diritto internazionale secondo una recente decisione del BVerfG: bilanciamento o prevalenza dei principi costituzionali nazionali?, in *Dir. Pubbl. Comp. Eur.*, 2005.

L.-J. Constantinesco, *Il metodo comparativo* (1972), trad. italiana, Torino, Giappichelli, 2000.

M. Blengio Valdés, Corte Interamericana de Derechos Humanos. Caso Gelman *vs.* Uruguay, in *Rev. Der. PúblicoF.C.U. Montevideo*, n° 39, 2011.

M. Bonini, Il BVergG, giudice costituzionale o «signore dei Trattati»?, in *Rivista AIC*, n° 4, 2012, in *www.associazionedeicostituzionalisti.it*.

M. C. Londoño Lázaro, El principio de legalidad y el control de convencionalidad de las leyes: confluencias y perspectivas en el pensamiento de la Corte Interamericana de Derechos Humanos, in *Bol. Mex. Der. Comp.*, n° 128, 2010.

M. Cappelletti & D. Golay, Judicial Branch in the Federal and Transnational Union, in M. Cappelletti, M. Seccombe, J. H.

H. Weiler (eds.), *Integration Trough Law*, Berlin-New York, De Gruyter, vol. I, 1986.

M. Carbonell, *Teorías de los derechos humanos y del control de convencionalidad*, México, 2013.

M. Carducci, L'*Amparo* messicano come crittotipo "spinoziano", in R. Orrú, F. Bonini & A. Ciammariconi (org.), *La giustizia costituzionale in prospettiva storica: matrici, esperienze e modelli*, Napoli, ESI, 2012.

_____, Le integrazioni latinoamericane nei "flussi giuridici"fra "prototesto" europeo e "metatesti" locali, in *Dir. Pubbl. Comp. Eur.*, vol. I, 2013.

_____, O Direito Comparado das Integrações Regionais no Contexto Euroamericano, in R. F. Bacellar Filho, D. Wunder Hachem (coords.), *Direito Público no Mercosul: Intervenção estatal, direitos fundamentais e sustentabilidade (Anais do VI Congresso da Associação de Direito Público do Mercosul. Homenagem ao Professor Jorge Luis Salomoni)*, Belo Horizonte, Fórum, 2013.

_____; L. Castillo Amaya, Comparative Regionalism and Constitutional Imitations in the Integration Process of Central America, in *1 Eunomia*, n° 2, 2012.

M. Cartabia, L'ora dei diritti fondamentali nell'Unione europea, in Id. (org.), *I diritti in azione*, Bologna, Il Mulino, 2007.

M. Casanova, Réflexions sur les progrès du processus d'intégration et de coopération en Amérique Latine, in *Rev. Institut Belge Dr. Comparé*, 1976.

M. Cherif Bassiouni, Enforcing Human Rights through International Criminal Law and through an International Criminal Tribunal, in L. Henkin & J. Lawrence Hargrove (eds.), *Human Rights: An Agenda for the Next Century*, Washington, American Society of International Law, 1994.

M. D. Poli, *Bundesverfassungsgericht e Landesverfassungsgerichte: un modello "policentrico" di giustizia costituzionale*, Milano, Giuffrè, 2012.

M. Dani, *Il diritto pubblico europeo nella prospettiva dei conflitti*, Padova, Cedam 2013.

M. Delmas-Marty, *Les forces imaginantes du droit. Le relatif et l'universel*, Paris, Seuil, 2004.

_____; M. L. Izorche, Marge nationale d'appréciation et internationalisation du droit. Réflexions sur la validité formelle d'un droit commun pluraliste, in *RIDC*, n° 4, 2000.

M. Di Filippo (org.), *Organizzazioni regionali, modello sovranazionale e metodo intergovernativo: i casi dell'Unione europea e del Mercosur*, Torino, Giappichelli, 2012.

M. Dicosola, Il primo rinvio pregiudiziale del Conseil constitutionnel alla Corte di giustizia: cooperazione tra Corti e interazione tra ordinamenti nel sistema multilivello europeo, in *Dir. Pubbl. Comp. Eur.*, vol. III, 2013.

M. Fyrnys, Expanding Competences by Judicial Lawmaking: The Pilot Judgment Procedure of the European Court of Human Rights, in *German L. J.*, 2011.

M. G. Monroy Cabra, El Derecho Internacional como fuente del Derecho Constitucional, in *1 ACDI*, Bogotá, n°1, 2008.

M. Goldoni, Constitutional Pluralism and the Question of the European Common Good, in *18 Eur. L.J.*, n°3, 2012.

M. Goldoni, Il ritorno del costituzionalismo alla politica: il «Political» e il «Popular» Constitutionalism, in *Quad. Cost.*, n°4, 2010.

M. Iacometti, Il caso Melloni e l'interpretazione dell'art. 53 della Carta dei direitos fundamentais dell'Unione europea tra Corte di giustizia e Tribunale costituzionale spagnolo, in *Osservatorio AIC*, outubro 2013, in *www.associazionedeicostituzionalisti.it*.

M. J. Glennon, *Constitutional Diplomacy*, Princeton, Princeton Univ. Press, 1991.

M. Koskenniemi, L. Pani, Fragmentation of International Law? Postmodern Anxieties, in *Leiden J. Int.'l L.*, n° 15, 2002.

M. Kumm, Costituzionalismo democratico e diritto internazionale: termini del rapporto, in *Ars Interpretandi*, vol. XIII, 2008.

M. L. Duarte, *Estudos sobre o Tratado de Lisboa*, Coimbra, Almedina, 2010.

_____, O direito da União Europeia e o direito europeu dos direitos do homem: uma defesa do "triângulo judicial europeu", in J. Miranda (coord.), *Estudos em homenagem ao Professor Doutor Armando M. Marques Guedes*, Coimbra: Coimbra Editora, 2004.

_____, *União Europeia e direitos fundamentais (no espaço da internormatividade)*, Lisboa, Associação Acadêmica da Faculdade de Direito, 2006.

_____; C. A. Lopes, *Tratado de Lisboa*, 2ª ed., Lisboa, Associação Acadêmica da Faculdade de Direito, 2010.

M. Levi Coral, Unión Europea-América del Sur: la posible relación entre actores globales, in J. Roy (comp.), *Después de Santiago: integración regional y relaciones Union Europea-América latina*, Miami, Jean Monnet Chair, 2013.

M. Luciani, L'antisovrano e la crisi delle Costituzioni, in AA.VV., *Scritti in onore di Giuseppe Guarino*, II, Padova 1998.

_____, Costituzionalismo irenico e costituzionalismo polemico, in *Giur. Cost.*, 2006.

_____, Costituzione, integrazione europea, globalizzazione, in *Quest. Giust.*, n° 6, 2008.

M. Neves, A concepção do estado de direito e sua vigência prática na América do Sul, com especial referência à força normativa de um direito supranacional, in *2 Rev. Bras. Est. Const.*, n° 8, 2008.

_____, *Transconstitucionalismo*, São Paulo, Martins Fontes, 2009.

_____, Transconstitucionalismo con especial referencia a la experiencia latinoamericana, in A. Von Bogdandy, E. Ferrer Mac-Gregor, M.M. Antoniazzi (Coords.). *La justicia constitucional y su internacionalización. ¿Hacia un ius constitucionale commune en América latina?*, t. I, México DF, UNAM, 2013.

M. Núñez Poblete, Sobre la doctrina del margen de apreciación nacional. La experiencia latinoamericana confrontada y el thelos constitucional de una técnica de adjudicación del derecho internacional de los derechos humanos, in P. A. Alvarado Acosta & M. Núñez Poblete (org.), *El Margen de apreciación en el sistema Interamericano de Derechos Humanos. Proyecciones regionales y nacionales*, México DF, UNAM, 2012.

M. P. Larné, *La protezione dei diritti umani: disposizioni costituzionali, trattati internazionali e giudizi di costituzionalità. Una prospettiva comparata fra ordinamenti europei e latinoamericani*, Livorno, Media Print, 2010.

M. P. Maduro, *A Constituição plural: constitucionalismo e União Europeia*, Cascais, Principia, 2006.

M. Pacini, Lussemburgo e Karlsruhe a duello sull'applicabilità della Carta UE, in *Osservatorio AIC*, setembro 2013, in *www.associazionedeicostituzionalisti.it*.

M. Panebianco, I modelli di integrazione in America Latina: l'ALADI ed il SELA, in *Dir. Comunit. Scambi Internaz.*, 1982.

_____, *Introduzione al diritto comunitario comparato (diritto internazionale e diritto dell'integrazione nell'Europa comunitaria e in America latina)*, Salerno, Edisud, 1985.

_____, Ius gentium e diritto internazionale in Europa e America Latina, in *XIV Congreso Latinoamericano de derecho romano*, Buenos Aires (15, 16 y 17 de septiembre de 2004).

_____, L'integrazione europea e latino-americana fra internazionalismo e costituzionalismo, in *Dir. Società*, 1979.

_____, L'internazionalismo bolivariano e l'integrazione degli Stati in America Latina, in *Riv. Studi Pol. Internaz*, 1983.

_____; F. Guida, A. Di Stasi, *Introduzione al diritto comunitario comparato*, Salerno, Edisud, 1993.

M. Pedrazza Gorlero (org.), *Corti costituzionali e Corti europee dopo il Trattato di Lisbona*, Napoli, ESI, 2010.

M. Petters Melo, Neocostituzonalismo e "Nuevo Constitucionalismo" in America latina, in *Dir. Pubbl. Comp. Eur.*, vol. II, 2012.

M. R. Hutschinson, The Margin of Appreciation Doctrine in the European Court of Human Rights, in *48 Int.'l Comp. L. Quart.*, 1999.

M. Starita, Democrazia deliberativa e Convenzione europea dei diritti umani, in *Dir. Umani e Dir. Int.*, n°2, 2010.

N. Kirsch, The Open Architecture of European Human Rights Law, in *Modern L. Rev.*, 2008.

N. L. Xavier Baez, R. Luiz Nery da Silva & G. Smorto (org.), *Le sfide dei diritti umani fondamentali nell'America latina ed in Europa*, Roma, Aracne, 2013.

N. MacCormick, *La sovranità in discussione. Diritto, Stato e nazione nel "Commonwealth" europeo* (1999), trad. italiana, Bologna, Il Mulino, 2003.

N. Moussis, Le traité de Lisbonne: une constitution sans en avoir le titre, in *RMCUE*, n° 516, 2008.

N. P. Sagües, Dificultades operativas del control de convencionalidad en el sistema interamericano, in *La Ley*, 2010.

_____, El valor de los pronunciamentos de la Comisión Interamericana de Derechos Humanos, in *Jurisprudencia Argentina*, n° 16033, supplemento de 16 abril 1997.

_____, Obligaciones internacionales y control de convencionalidad, in *Estudios Constitucionales*, n° 1, 2010.

N. Walker, The Idea of Constitutional Pluralism, in *Modern L. Rev.*, 2002.

O. A. Gozaíni, *El proceso transnacional*, Buenos Aires, Ediar, 1992.

_____, Los efectos de las sentencias de la Corte Interamericana de Derechos Humanos en el derecho interno, in *Liber Amicorum Héctor Fix-Zamudio*, Tomo II, San José Costa Rica, Secretaría Corte IDH 1998.

O. Arizmendi Posada, *Las tres propuestas integracionistas de Bolívar y otros temas bolivarianos*, Bogotá, Publicaciones Univ., 1996.

O. Ianni, *Il labirinto latino-americano* (1993), trad. italiana, Padova, Cedam, 2000.

O. Pollicino, *Allargamento dell'Europa a Est e rapporto tra Corti costituzionali e Corti europee. Verso una teoria generale dell'impatto interordinamentale del diritto sovranazionale?*, Milano, Giuffrè, 2010.

P. Chiassoni, *Positivismo giuridico. Una investigazione analitica*, Modena, Mucchi, 2013.

P. de Vega García, *Giuspositivismo e positivismo giurisprudenziale*, trad. italiana, Lecce-Cavallino, Pensa, 2005.

P. Gragl, *The Accession of the European Union to the European Convention on Human Rights*, Oxford, Hart Publishing, 2013.

P. Gutiérrez Colantuono, *La Administración Pública, juridicidad y derechos humanos*, Buenos Aires, Abeledo Perrot, 2009.

P. Häberle, Derecho constitucional común europeo, in *Rev. Estudios Políticos*, n° 79, 1993.

_____, Gemeineuropäisches Verfassungsrecht, in *Eur. Grundrechte Zeit.*, 1991.

P. Kahn, *Lo studio culturale del diritto* (1999), trad. italiana, Reggio Emilia, Diabasis, 2008.

P. Logroscino, Diritto costituzionale comune, in L. Pegoraro (dir.), *Glossario di Diritto pubblico comparato*, Roma, Carocci, 2009.

P. Mengozzi, Corte di giustizia, giudici nazionali e tutela dei principi fondamentali degli Stati membri, in *Dir. Un. Eur.*, 2012.

P. Pennetta (org.), *L'evoluzione dei sistemi giurisdizionali regionali ed influenze comunitarie. Atti Seminario Salerno 1-2 ottobre 2009*, Bari, Cacucci, 2010.

P. Popelier, C. van De Heyning, P. van Nuffel (eds.), *Human Rights Protection in the European Legal Order: the Interaction between the European and the National Courts*, Cambridge, Intersentia 2011.

P. Riberi, Derecho y política: tinta y sangre, in R. Gargarella (coord.), *La Constitución en 2020*, Buenos Aires, Siglo XXI, 2011.

P. Sands, Treaty, Custom and the Cross-fertilization of International Law, in *1 Yale Hum. Rights & Develop. L. J.*, 1998.

Ph. F. De Lombaerde, L. Sönderbaum, L. van Langenhove, F. Baert, The Problem of Comparison in Comparative Regionalism, in *9 Jean Monnet/Robert Schuman Paper Series*, n° 7, Coral Gables (FL), Univ. of Miami, 2009.

Q. Camerlengo, *Contributo ad una teoria del diritto costituzionale cosmopolitico*, Milano, Giuffrè, 2007.

R. A. Peralta, *Aplicación de las normas comunitarias centroamericanas en los Estados miembros del SICA*, Managua: CCJ, 2011.

R. Bellamy, *Political Constitutionalism*, Cambridge, Cambridge Univ. Press, 2007.

R. Bin, Gli effetti del diritto dell'Unione nell'ordinamento italiano e il principio di entropia, in *Scritti on. Franco Modugno*, vol. I, Napoli, Jovene, 2011.

_____, *L'ultima fortezza. Teoria della Costituzione e conflitti di attribuzione*, Milano, Giuffrè, 1996.

R. Cadin, "We have an African Dream": sviluppi istituzionali e giurisprudenziali del sistema africano di protezione dei diritti umani e dei popoli, in *Focus Human Rights*, n° 3, 2013, *www.federalismi.it*.

R. Caponi, Dialogo tra Corti: alcune ragioni di un successo, in V. Barsotti & V. Varano (org.), *Il nuovo ruolo delle Corti supreme nell'ordine politico e istituzionale: dialogo di diritto comparato*, Napoli, ESI, 2012.

R. Chamorro Mora, C.F. Molina Dal Pozo (coords.), *Derecho Comunitario Comparado. Unión Europea-Centroamérica*, Managua, Imprimatur, 2003.

R. Ciccone, *Il rinvio pregiudiziale e le basi del sistema giuridico comunitario*, Napoli, Editoriale Scientifica, 2011.

R. Conti, Il ruolo dei giudici nazionali e della Corte di Giustizia nell'applicazione e attuazione dei direitos fundamentais in Europa, in *Quest. giust.*, 10 janeiro 2014.

_____, *La Convenzione europea dei diritti dell'uomo. Il ruolo del giudice*, Roma, Aracne, 2011.

R. Dickmann, Corte costituzionale e controlimiti al diritto internazionale. Ancora sulle relazioni tra ordinamento costituzionale e CEDU, in *Focus Human Rights*, n° 3, 2013, www.federalismi.it.

R. Gallardo, *Las Constituciones de la Republica Federal de Centro-América*, Madrid, Istituto de estudios politicos, 1958.

R. Gil Rendón, El control difuso de convencionalidad: obligación de todos los jueces y magistrados latinoamericanos, in E. A. Velandia Canosa (dir.), *Derecho procesal constitucional*, Tomo III, vol. III, Bogotá, VC Editores, 2012.

R. M. A. F. Gadelha (org.), *Mercosul a Unasul: avanços do proceso de integração*, São Paulo, EDUC/FAPESP, 1013.

R. Schembri Carrasquilla, *El Neofederalismo Comunitario*, in *El federalismo en Colombia*, Bogotá, Universidad Externado de Colombia, 1993.

R. Velasquez Ramires, H. Bobadilla Reyes (orgs.), *Justicia constitucional, derecho supranacional e integración en el derecho latinamericano*, Lima, Grisjley, 2007.

S. Abreu Bonilla & A. Pastori Fillol, El Protocolo adicional al Tratado constitutivo de UNASUR sobre Compromiso con la Democracia: otro ejemplo de desprolijidad jurídica en la integración latinoamericana, in J. Roy (comp.), *Después de Santiago: integración regional y relaciones Union Europea-América latina*, Miami, Jean Monnet Chair, 2013.

S. Foá, *Giustizia amministrativa e pregiudizialità costituzionale, comunitaria e internazionale. I confini dell'interpretazione conforme*, Napoli, Jovene, 2011.

S. Gambino, Identità costituzionali nazionali e primauté eurounitaria, in *Quad. cost.*, n° 3, 2012.

S. Greer, The Interpretation of the European Convention on Human Rights: Universal Principle or Margin of Appreciation?, in *3 UCL Human Rights Rev.*, 2010.

S. Maldonado Jordison, The Central American Court of Justice. Yesterday, Today and Tomorrow?, in *Connecticut J. Int.'l L.*, 2009.

S. Ninatti, *Giudicare la democrazia? Processo politico e ideale democratico nella giurisprudenza della Corte di giustizia europea*, Milano, Giuffrè, 2004.

T. A. O'Donnel, The Margin of Appreciation Doctrine: Standards in the Jurisprudence of the European Court of Human Rights, in *4 Human Rights Quart.*, n° 4, 1981.

T. Buergenthal, The Proliferation of International Courts and Tribunals. Is it Good or Bad?, in *Leiden J. Int.'l L.*, 2001.

T. Giovannetti, *L'Europa dei giudici, la funzione giurisdizionale nell'integrazione comunitaria*, Giappichelli, Torino, 2009.

T. Groppi, Le citazioni reciproche tra la Corte europea e la Corte interamericana dei diritti dell'uomo: dall'influenza al dialogo?, in *www.federalismi.it*, n° 19, 2013.

T. Guarnier, I giudici italiani e l'applicazione diretta della Carta di Nizza dopo il Trattato di Lisbona, in L. Cappuccio & E. Lamarque (org.), *Dove va il sistema italiano accentrato di controllo di costituzionalità?*, Napoli, Jovene, 2013.

V. Constantinesco, Le traité de Lisbonne, in *REE*, 2008.

V. Mazzuoli, *Curso de direito internacional público*, 8ª ed., São Paulo, Ed. Revista dos Tribunais, 2014.

_____, *Direito dos tratados*, 2ª ed., Rio de Janeiro, Forense, 2014.

_____, *Direitos humanos, Constituição e os tratados internacionais: estudo analítico da situação e aplicação do tratado na ordem jurídica brasileira*, São Paulo, Juarez de Oliveira, 2002.

_____, *O controle jurisdicional da convencionalidade das leis*, 3ª ed., São Paulo, Revista dos Tribunais, 2013.

_____, O novo § 3º do art. 5º da Constituição e sua eficácia, in *Rev. Forense*, vol. 378, 2005.

_____, O Supremo Tribunal Federal e os conflitos entre tratados internacionais e leis internas, in *Rev. de Informação Legislativa*, vol. 154, 2002.

_____, Os tratados internacionais de direitos humanos como fonte do sistema constitucional de proteção de direitos, in *Rev. Forense*, vol. 377, 2005.

_____, Por um Tribunal de Justiça para a Unasul: a necessidade de uma Corte de Justiça para a América do Sul sob os paradigmas do Tribunal de Justiça da União Europeia e da Corte Centro-Americana de Justiça, in *Rev. Tribunais*, vol. 939, 2014.

_____, *Tratados internacionais de direitos humanos e direito interno*, São Paulo, Saraiva, 2010.

_____, *Tribunal Penal Internacional e o direito* brasileiro, 3ª ed., São Paulo, Ed. Revista dos Tribunais, 2011.

V. Piccone, L'interpretazione conforme nell'ordinamento integrato, in R. Crosio & R. Foglia (org.), *Il diritto europeo nel dialogo delle Corti*, Milano, Giuffrè, 2013.

V. Sciarabba, *Il giudicato e la CEDU. Profili di diritto costituzionale, internazionale e comparato*, Cedam, Padova 2013.

W. Allmand, The International Criminal Court and the Human Rights Revolution, in *McGill Law Journal*, n° 46, 2000.

Z. D. de Clément, El sistema de solución de controversias de Unasur y su coherencia con el modelo de integración de ese proceso, in *Anuario del CIJS*, vol. XI, 2008.

Obras dos Autores

MICHELE CARDUCCI

Livros publicados

L'*«accordo di coalizione»* (Università degli Studi di Parma, Pubblicazioni della Facoltà di Giurisprudenza, Nuova serie n. 8). Padova: Cedam, 1989.

L'inizio della fine. Partiti e coalizioni di governo nella decima legislatura (1987-1992) (Collana «Ideologia e scienze sociali» diretta da Mario Proto, n° 18). Roma-Manduria: Lacaita, 1993.

Parlamentarismo e libertà (Università degli Studi di Urbino, Facoltà di Giurisprudenza, Istituto di diritto pubblico). Urbino: Quattro Venti, 1995.

La persistenza del consenso. Le coalizioni politiche nel pensiero di Costantino Mortati. Padova: Cedam, 1996 (estr. da Studi Parmensi, vol. XLII).

Controllo parlamentare e teorie costituzionali (Università degli Studi di Parma, Pubblicazioni della Facoltà di Giurisprudenza, Nuova serie n. 20). Padova: Cedam, 1996.

Il ritorno della direttiva parlamentare. Riflessioni in prospettiva comparativa (Collana della Facoltà di Giurisprudenza dell'Università degli Studi di Lecce n. 6). Milano: Giuffrè, 1999.

Comparazione nei mutamenti istituzionali. Studi (Collana «Teoria della Società» diretta da Raffaele De Giorgi, Giancarlo Corsi e Javier Torres Nafarrate, n° 3). Lecce: Pensa Multimedia, 1999.

Weimar 1919 (Collana «Monitore costituzionale» diretta da Alessandro Torre, n° 8). Macerata: Liberi Libri, 2008.

Coautoria

Le riforme costituzionali in Messico: 1917-1997. Com Rafael Estrada Aguilar. Lecce: Pensa Multimedia, 1998.

«Poder revisor» e rigidità costituzionale in Messico (Università degli Studi di Urbino, Facoltà di Giurisprudenza, Istituto di Diritto Pubblico). Com Rafael Estrada Aguilar. Urbino: Quattro Venti, 1999.

Turchia (Collana «Si governano così» diretta da Carlo Fusaro, n° 9). Com Beatrice Bernardini d'Arnesano. Bologna: Il Mulino, 2008.

Coautoria e coordenação

Idee sul fondamento di una forma di governo. Scritti di P. Chimienti, G. Arcoleo, L. Raggi, A. Criscuoli (a cura e con Introduzione di M. Carducci). Lecce: Argo, 1996.

Il costituzionalismo «parallelo» delle nuove democrazie. Africa e America Latina (Collana della Facoltà di Giurisprudenza dell'Università degli Studi di Lecce, n° 4) (a cura e con Introduzione di M. Carducci). Milano: Giuffrè, 1998.

Una Costituzione da reinventare: temi di critica costituzionale brasiliana (Collana «Transizioni costituzionali tra passato e presente», diretta da M. Carducci e J.L. Bolzan de Morais n. 4) (a cura e con Introduzione di M. Carducci). Lecce-Cavallino: Pensa, 2003.

Coautoria e cocoordenação

La dinamica delle integrazioni regionali latinoamericane (a cura di M. Carducci e P. Riberi). Torino, Giappichelli, 2014.

Organização

Minoranze linguistiche: aspetti storico-giuridici (P.I.C. INTERREG II Italia-Grecia). Lecce: Pensa Multimedia, 2001.

Percorsi innovativi della pubblica amministrazione del Salento. Lecce: CSERC Regione Puglia, 2006.

Processi di devolution *e transizioni costituzionali negli Stati unitari* (dal Regno Unito all'Europa) (ricerca PRIN 2004-2006). Torino: Giappichelli, 2007.

I cantieri della semplificazione. Lecce: CSERC Regione Puglia, 2010.

VALERIO DE OLIVEIRA MAZZUOLI

Livros publicados

Curso de direito internacional público. 8. ed. rev., atual. e ampl. São Paulo: RT, 2014.

Curso de direitos humanos. São Paulo: Método, 2014.

Direito dos tratados. 2. ed. rev., atual. e ampl. Rio de Janeiro: Forense, 2014.

Direito internacional público: parte geral. 7. ed. rev., atual. e ampl. São Paulo: RT, 2013.

Direito internacional: tratados e direitos humanos fundamentais na ordem jurídica brasileira. Rio de Janeiro: América Jurídica, 2001.

Direitos humanos e cidadania à luz do novo direito internacional. Campinas: Minelli, 2002.

Direitos humanos, Constituição e os tratados internacionais: estudo analítico da situação e aplicação do tratado na ordem jurídica brasileira. São Paulo: Juarez de Oliveira, 2002.

Natureza jurídica e eficácia dos acordos stand-by *com o FMI*. São Paulo: Ed. RT, 2005.

O controle jurisdicional da convencionalidade das leis. 3. ed. rev. e atual. São Paulo: RT, 2013 (Coleção Direito e ciências afins, vol. 4).

Os sistemas regionais de proteção dos direitos humanos: uma análise comparativa dos sistemas interamericano, europeu e africano. São Paulo: RT, 2011 (Coleção Direito e ciências afins, vol. 9).

Prisão civil por dívida e o Pacto de San José da Costa Rica: especial enfoque para os contratos de alienação fiduciária em garantia. Rio de Janeiro: Forense, 2002.

Tratados internacionais de direitos humanos e direito interno. São Paulo: Saraiva, 2010.

Tratados internacionais: com comentários à Convenção de Viena de 1969. 2. ed. rev., ampl. e atual. São Paulo: Juarez de Oliveira, 2004.

Tribunal Penal Internacional e o direito brasileiro. 3. ed. rev. e atual. São Paulo: RT, 2012 (Coleção Direito e ciências afins, vol. 3).

Coautoria

Acumulação de cargos públicos: uma questão de aplicação da Constituição. Com Waldir Alves. São Paulo: RT, 2013.

Comentários à Convenção Americana sobre Direitos Humanos – Pacto de San José da Costa Rica. 4. ed. rev., atual. e ampl. Com Luiz Flávio Gomes. São Paulo: RT, 2013.

Comentários à reforma criminal de 2009 e à Convenção de Viena sobre o Direito dos Tratados. Com Luiz Flávio Gomes e Rogério Sanches Cunha. São Paulo: RT, 2009.

Direito supraconstitucional: do absolutismo ao Estado Constitucional e Humanista de Direito. 2. ed. rev., atual. e ampl. Com Luiz Flávio Gomes. São Paulo: RT, 2013 (Coleção Direito e ciências afins, vol. 5).

Coautoria e coordenação

O novo direito internacional do meio ambiente. Curitiba: Juruá, 2011.

Coautoria e cocoordenação

Controle de convencionalidade: um panorama latino-americano (Brasil, Argentina, Chile, México, Peru, Uruguai). Com Luiz Guilherme Marinoni. Brasília: Gazeta Jurídica, 2013.

Crimes da ditadura militar: uma análise à luz da jurisprudência atual da Corte Interamericana de Direitos Humanos. Com Luiz Flávio Gomes. São Paulo: RT, 2011.

Direito à liberdade religiosa: desafios e perspectivas para o século XXI. Com Aldir Guedes Soriano. Belo Horizonte: Fórum, 2009.

Direito internacional dos direitos humanos: estudos em homenagem à Professora Flávia Piovesan. Com Maria de Fátima Ribeiro. Curitiba: Juruá, 2004.

Doutrinas essenciais de direito internacional. Com Luiz Olavo Baptista. São Paulo: RT, 2012. 5 vols.

Novas perspectivas do direito ambiental brasileiro: visões interdisciplinares. Com Carlos Teodoro José Hugueney Irigaray. Cuiabá: Cathedral, 2009.

Novas vertentes do direito do comércio internacional. Com Jete Jane Fiorati. Barueri: Manole, 2003.

Novos estudos de direito internacional contemporâneo. Com Helena Aranda Barrozo e Márcia Teshima. Londrina: EDUEL, 2008. 2 vols.

O Brasil e os acordos econômicos internacionais: perspectivas jurídicas e econômicas à luz dos acordos com o FMI. Com Roberto Luiz Silva. São Paulo: RT, 2003.

Organização

Coletânea de direito internacional e Constituição Federal. 12. ed. rev., ampl. e atual. São Paulo: RT, 2014 (RT Mini Códigos, vol. 10).

www.editoraforense.com.br
forense@grupogen.com.br

Impressão e Acabamento:

Cód.: 1214309